农业"走出去"

重点国家农业投资合作政策法规及鼓励措施概况（第三卷）

主　编　杨　易
副主编　仇焕广　冯　勇

中国农业出版社

图书在版编目（CIP）数据

农业“走出去”重点国家农业投资合作政策法规及鼓励措施概况．第3卷／杨易主编．—北京：中国农业出版社，2013.11

ISBN 978-7-109-18508-1

Ⅰ.①农… Ⅱ.①杨… Ⅲ.①农业经济－国际合作－经济合作－法规－中国 Ⅳ.①D922.4

中国版本图书馆CIP数据核字（2013）第255470号

中国农业出版社出版

（北京市朝阳区农展馆北路2号）

（邮政编码 100125）

责任编辑 闫保荣 姚 佳

中国农业出版社印刷厂印刷 新华书店北京发行所发行

2013年11月第1版 2013年11月北京第1次印刷

开本：880mm×1230mm 1/32 印张：7.5

字数：240千字 印数：1～1 500册

定价：28.00元

编委会

主　　编：杨　易

副 主 编：仇焕广　冯　勇

编写成员：吴昌学　余效宁　蔡亚庆
李　军　廖绍攀　严健标
李　晶　李海燕

序

新形势下的经济全球化，要求我国农业发展要有更宽的视野、更广阔的空间和更强的后劲。党的十七届三中、五中全会上对提高统筹利用国际国内两个市场、两种资源能力，培育农业跨国经营企业，逐步建立农产品国际产销加工储运体系，扩大农业国际合作提出了明确要求。认真贯彻党中央精神，加快推进农业“走出去”，对于推进我国现代农业发展，营造和平、合作的国际环境，提高我国和世界粮食安全保障水平，具有十分重要的意义。

近年来，我国农业“走出去”发展迅速，涉足农业“走出去”的企业数量不断增加，对外农业投资主体日益多元，经营领域和规模不断扩大。为保证“走出去”推进工作的秩序和效益，必须按照中央十七届五中全会要求，加强海外投资环境研究。近期有关农业“走出去”的一些调研也发现，缺乏对境外合作国家农业领域投资环境及引资政策的了解，已成为制约我国农业走出去的重要因素之一。企业由此而产生的恐惧、患得患失或随大流心理，都将不利于该项事业的发展。

为增强政府公共服务能力，引导我国涉农企业积极稳妥地开展对外农业投资合作，农业部对外经济合作中心组织中国科学院农业政策中心等单位的专家编写《农业“走出去”重点国家农业投资合作政策法规及鼓励措施概况》系列丛书，客观介绍各重点国家农业投资合作方面的政策法规及鼓励措施。

本书是该系列丛书的第三卷，将系统介绍阿尔及利亚、阿塞拜疆、澳大利亚、白俄罗斯、保加利亚、贝宁、玻利维亚、古巴、几内亚、津巴布韦、立陶宛、乌拉圭、中非等13个国家的相关政策和法规。内容包括各国的投资者国民待遇、土地政策、农业相关税收政策、投资政策、融资政策、劳工政策、农业保险和外商投资农业保险政策、我国已经与合作国所签署的双边投资保护协定以及这些国家国内有关农业生产、收储、加工、流通的其他鼓励或限制政策等。

《农业“走出去”重点国家农业投资合作政策法规及鼓励措施概况》系列丛书的编写，是政府搭建信息平台加强公共服务的尝试，也是一项开创性的工作。希望此系列丛书的出版能够帮助企业了解各重点投资国（地区）农业投资环境，为企业提高决策水平，降低投资风险提供指导和帮助。

农业部 牛盾

2013年10月

目录

序

阿尔及利亚 …… 1

一、投资者国民待遇 …… 1
二、土地政策 …… 2
三、税收政策 …… 5
四、投资政策 …… 14
五、融资政策 …… 17
六、劳工政策 …… 18
七、农业保险和外商农业投资保险政策 …… 21
八、我国已经与合作国所签署的双边投资保护协定 …… 22
九、有关农业生产、收储、加工、流通的其他鼓励或限制政策 …… 22

阿塞拜疆 …… 24

一、投资者国民待遇 …… 24
二、土地政策 …… 24
三、税收政策 …… 25
四、投资政策 …… 30

五、融资政策 …… 31
六、劳工政策 …… 33
七、农业保险和外商农业投资保险政策 …… 36
八、我国已经与合作国所签署的双边投资保护协定 …… 36
九、有关农业生产、收储、加工、流通的其他鼓励或限制政策 …… 37

澳大利亚 …… 38

一、投资者国民待遇 …… 38
二、土地政策 …… 38
三、税收政策 …… 41
四、投资政策 …… 45
五、融资政策 …… 49
六、劳工政策 …… 51
七、农业保险和外商农业投资保险政策 …… 55
八、我国已经与合作国所签署的双边投资保护协定 …… 57
九、有关农业生产、收储、加工、流通的其他鼓励或限制政策 …… 58

白俄罗斯 …… 60

一、投资者国民待遇 …… 60
二、土地政策 …… 60
三、税收政策 …… 62
四、投资政策 …… 66
五、融资政策 …… 68
六、劳工政策 …… 70
七、农业保险和外商农业投资保险政策 …… 73
八、我国已经与合作国所签署的双边投资保护协定 …… 73

九、有关农业生产、收储、加工、流通的其他
鼓励或限制政策 …………………………………… 74

保加利亚……………………………………………… 76

一、投资者国民待遇 …………………………………… 76
二、土地政策 ……………………………………………… 77
三、税收政策 ……………………………………………… 79
四、投资政策 ……………………………………………… 82
五、融资政策 ……………………………………………… 83
六、劳工政策 ……………………………………………… 84
七、农业保险和外商农业投资保险政策 ………………… 88
八、我国已经与合作国所签署的双边投资保护协定 …… 88
九、有关农业生产、收储、加工、流通的其他
鼓励或限制政策 …………………………………… 89

贝宁 ………………………………………………… 90

一、投资者国民待遇 …………………………………… 90
二、土地政策 ……………………………………………… 91
三、税收政策 ……………………………………………… 93
四、投资政策 ……………………………………………… 98
五、融资政策 ……………………………………………… 99
六、劳工政策 ……………………………………………… 101
七、农业保险和外商农业投资保险政策 ……………… 104
八、我国已经与合作国所签署的双边投资保护协定…… 104
九、有关农业生产、收储、加工、流通的其他
鼓励或限制政策 ………………………………… 105

玻利维亚 …………………………………………… 106

一、投资者国民待遇 ………………………………… 106

二、土地政策 …… 106
三、税收政策 …… 108
四、投资政策 …… 111
五、融资政策 …… 114
六、劳工政策 …… 115
七、农业保险和外商农业投资保险政策 …… 117
八、我国已经与合作国所签署的双边投资保护协定 …… 118
九、有关农业生产、收储、加工、流通的其他鼓励或限制政策 …… 118

古巴 …… 120

一、投资者国民待遇 …… 120
二、土地政策 …… 120
三、税收政策 …… 122
四、投资政策 …… 126
五、融资政策 …… 128
六、劳工政策 …… 131
七、农业保险和外商农业投资保险政策 …… 135
八、我国已经与合作国所签署的双边投资保护协定 …… 135
九、有关农业生产、收储、加工、流通的其他鼓励或限制政策 …… 136

几内亚 …… 138

一、投资者国民待遇 …… 138
二、土地政策 …… 139
三、税收政策 …… 141
四、投资政策 …… 144
五、融资政策 …… 146

六、劳工政策 …… 148
七、农业保险和外商农业投资保险政策 …… 151
八、我国已经与合作国所签署的双边投资保护协定 …… 151
九、有关农业生产、收储、加工、流通的其他鼓励或限制政策 …… 152

津巴布韦 …… 153

一、投资者国民待遇 …… 153
二、土地政策 …… 154
三、税收政策 …… 158
四、投资政策 …… 163
五、融资政策 …… 165
六、劳工政策 …… 166
七、农业保险和外商农业投资保险政策 …… 171
八、我国已经与合作国所签署的双边投资保护协定 …… 172
九、有关农业生产、收储、加工、流通的其他鼓励或限制政策 …… 172

立陶宛 …… 173

一、投资者国民待遇 …… 173
二、土地政策 …… 173
三、税收政策 …… 176
四、投资政策 …… 182
五、融资政策 …… 185
六、劳工政策 …… 186
七、农业保险和外商农业投资保险政策 …… 190
八、我国已经与合作国所签署的双边投资保护协定 …… 190
九、有关农业生产、收储、加工、流通的其他

鼓励或限制政策 …… 191

乌拉圭 …… 193

一、投资者国民待遇 …… 193
二、土地政策 …… 193
三、税收政策 …… 195
四、投资政策 …… 199
五、融资政策 …… 201
六、劳工政策 …… 203
七、农业保险和外商农业投资保险政策 …… 206
八、我国已经与合作国所签署的双边投资保护协定 …… 207
九、有关农业生产、收储、加工、流通的其他
鼓励或限制政策 …… 207

中非 …… 209

一、投资者国民待遇 …… 209
二、土地政策 …… 209
三、税收政策 …… 215
四、投资政策 …… 219
五、融资政策 …… 220
六、劳工政策 …… 221
七、农业保险和外商农业投资保险政策 …… 225
八、我国已经与合作国所签署的双边投资保护协定 …… 225

后记 …… 226

阿尔及利亚

一、投资者国民待遇

1. 投资者国民待遇

阿尔及利亚实行对外开放政策，鼓励外国投资，对外企实行国民待遇。投资法规定，本国人和外国人在阿尔及利亚投资办企业享受同样的优惠政策。投资优惠分五个地区等级，其中普通地区主要是沿海城市，范围最广，投资者最多。

外国企业既可直接在阿尔及利亚投资办厂，也可在阿尔及利亚公共服务行业中参股经营。投资法保证外国投资者可以将利润汇出境外，并且，对重大的外国投资项目，外国投资者可以与阿尔及利亚政府就优惠政策进行商讨或提出要求，阿尔及利亚政府可以根据具体情况，单独为该项目规定更优惠的条件。根据《关于工业装配生产审定法》的规定，在阿尔及利亚从事工业装配和组装生产需报阿尔及利亚工业部批准。

2. 最惠国待遇

阿尔及利亚和中国签署的“鼓励和相互保护投资协定”约定，阿尔及利亚给予中国投资者的待遇和保护，不应低于其给予第三国投资者的投资及与投资有关的活动的待遇和保护，但不包括缔约另一方依照关税同盟、自由贸易区、经济联盟、有关避免双重征税协定或有关便利边境贸易协定而给予第三国投资者的投资的任何优惠待遇。此外，根据中阿签署的“避免双重征税和防治偷漏税的协定”约定，中方企业在阿尔及利亚常设机构的税收负担，不高于阿尔及利亚对本国进行同样活动的企业的税收水平。

二、土地政策

1. 土地资源及土地价格

农业资源：阿尔及利亚国土辽阔，总面积达 238 万平方公里，但大部分地区为沙漠，森林和细茎针茅植被覆盖面积为 700 万公顷。耕地面积约 800 万公顷，水资源紧缺。阿尔及利亚沿海地区属地中海气候，年平均温度约为 17℃，1 月最低温度约 5℃，8 月最高温度约 38℃；阿尔及利亚高原地区属大陆性气候，干燥少雨，冬冷夏热，1 月最低温度在 0℃以下，山区降雪；撒哈拉地区为热带沙漠气候，5—9 月最高温度可达 55℃，昼夜温差大；沙漠绿洲、高原和沙漠中的盐湖地带自成小气候。每年 11 月至次年 3 月为雨季，6—9 月为旱季。沿海地区年降水量为 400～1 000 毫米。

阿尔及利亚主要农产品有谷物、豆类、蔬菜与水果等，粮食作物年产量约 200 万吨，能满足国内需求的 35%。奶类及奶制品可满足国内需求的 42%，豆类仅可满足国内需求的 30%。土豆、西红柿等蔬菜可 100%满足国内需求。食糖、油和咖啡等大部分需要进口。阿尔及利亚是世界粮食、奶、油、食糖的十大进口国之一，法国、美国、加拿大与阿根廷是阿尔及利亚农副产品主要进口来源国，进口能够满足阿尔及利亚 70%的需求。阿尔及利亚出口的农副产品主要有椰枣、果蔬、橄榄油、葡萄酒等，法国、西班牙、比利时和利比亚是阿尔及利亚农副产品主要出口目的国。

阿尔及利亚的森林覆盖率为 11%，总面积为 367 万公顷，其中软木林 46 万公顷，年产木材 20 万立方米，软木产量居世界第三位。境内草场总面积为 3 200 万公顷，主要养殖畜禽品种为牛、绵阳、山羊和骆驼。

阿尔及利亚海岸线约 1 280 公里，可捕鱼的面积达 950 万公顷，可推广水产养殖的自然水域和人工水域面积约 10 万公顷，渔业年可捕鱼量 50 万吨。阿尔及利亚渔业主要作业区从与摩洛哥交界的海岸一直延续到与突尼斯交界的海岸，渔业资源开发采取 3 种作业方式：拖网、拉网和小手工。根据阿尔及利亚 2010—2014 年 5 年计划的发展前景，预计到 2014 年，捕鱼船队将发展到 5 000 只，产量增加到 18 万吨/年，海事人口（渔民）将达到 8 万多人。

土地价格：按照阿尔及利亚法律规定，外国人或企业不得购买当地土地。投资项目所需土地可通过租用私人土地（房产）或特许经营国有土地获得，但私人土地较少。阿尔及利亚政府鼓励工业、旅游业、服务业投资用地采用国有土地特许经营方式，特许经营权一般通过拍卖或议标获得，北部大城市主要通过拍卖方式，经营期限可达 44～99 年不等。

房屋租金及价格：阿尔及利亚房屋或厂房的租赁价格总体较高，但因城市和区位而异，差异很大，最高位首都阿尔及尔地区，其次为奥兰等沿海主要城市，租金价格一般须双方协商。2013 年首都地区普通地段一套一室一厅或者二室一厅公寓的月租金价格是 3 万～5 万第纳尔，别墅的月租金价格不低于 20 万第纳尔，但在偏远街区的房屋租金相对更低。

2. 土地投资政策

在阿尔及利亚投资项目所需地皮，可租用、购买私人土地（房产）或国有土地通过特许经营和转让方式提供给投资者的方式进行。租用私人土地（房产）只需通过公证人公证租房契约即可，但这一部分资源较少；政府为了进一步鼓励投资，于 2006 年出台了关于国有可提供给私人的土地的特许经营和转让办法，在遵守国家城市化的有关规定的条件下，可通过拍卖或者议标方式将国有可私人化土地出租（土地特许经营）或转让给企业、公共机构、自然人或法人。但排除以下情况：农业用地、国家旅游规划中所列有关旅游开发区、油气矿产勘探开发地区、规划中的房地产开发区。

对于工业、旅游业、服务业投资项目所需土地，投资者可获得其特许经营权，期限最少20年，可续约，并在一定条件下（投资项目建成并投产）可将土地转让给投资者；在房地产开发项目框架下已规划好的有关项目地块可依据有关法规直接转让给投资者使用。

土地的特许经营权授予通过拍卖或议标方式进行，其中位于阿尔及尔、安纳巴、奥兰、康斯坦丁省的所有市镇、北部省份的所有省政府、区政府的所在市镇、高原地区的省府所在市镇的土地通过拍卖转让经营权，位于其他地区的有关土地可通过议标方式转让经营权。

土地的特许经营或转让需通过所在省省长根据职能部门的建议审批或国家投资委员会有关授予投资项目优惠政策的决议批准，并通过行政契约确立，带有一份细则，规定投资项目的计划及土地经营权出让或土地转让的条件。土地特许经营权授予或转让是有偿的，应支付租金或转让费（拍卖价或市价）。通过议标方式进行出租的土地年租金大致为市价（或可拍卖底价）的5%。

2010年，阿尔及利亚通过了新的农村土地法，规定了新的土地使用方式和条件，农民需要在18个月内到国家土地办公室（ONTA）重新登记申请土地有期限的租让使用权，如超过申请期限，则被视为放弃该权利，土地将被收回并将租让权转让给其他农民。另外，新法律还给予农民更大的土地经营自主权，农民可以到银行申请贷款或与外资建立伙伴关系。这是阿尔及利亚首次允许私人公司租赁国有土地，但它也对国外投资有一定限制。该法律允许40年的租赁期，并且专门划出了250万公顷的土地用于出租。到目前为止，阿尔及利亚的国有土地或者休耕，或者由本地农民集体耕种。该法律同时规定：公司可以与拥有阿尔及利亚国籍的个人，或受到阿尔及利亚法律制约的法律实体签署合作合同，所有的股东必须是阿尔及利亚人。以上条款进一步限制了外国公司直接在阿尔及利亚租赁或收购土地。

三、税收政策

1. 税收制度和主要税率

税收制度：阿尔及利亚基本实行属地税制，纳税人须自觉地申报、计算、缴纳法律上规定的应纳税种，履行纳税义务。目前，阿尔及利亚已制定了《直接税和类似税法规》、《营业税法规》、《印花税法规》、《间接税法规》，并在各省区设建省税务局对税收工作进行管理，指导协助纳税人纳税，调解税务纠纷，方便纳税人履行纳税义务。

阿尔及利亚税务总局隶属于阿尔及利亚财政部，负责管理国家税收、拟定全国税收法律、法令和征收管理制度，组织国家财政收入，运用税收杠杆对经济进行宏观调控。阿尔及利亚税务总局下辖税务法规司、税收征管司、税务纠纷司、信息组织司、资源管理司和审核研究司，此外阿尔及利亚税务总局在阿尔及尔、布利达、奥兰、塞蒂夫、谢里夫、安纳巴、君士坦丁、乌尔格拉和贝沙尔等9个省区设置了地方税务局，分管全国48个省区的税务工作。阿尔及利亚税务总局主要职能为制定税务法规、明细税种与税率、参与有关税务的各项研究工作、对外商签多双边税务协定、协调国际和国内的税收制度、制定税收收入预算、处理税收纠纷、打击偷漏税、保障各项税务工作有效进行、改善税务部门与纳税人之间的关系、制定税务报告、分析税收形势等。此外，阿尔及利亚政府还同时设置了独立于税务总局的税务监管局，对全国税收工作进行监督。

主要税率：阿尔及利亚现行税制，是以所得税为主体税种，辅以其他税种构成的。主要税种有总收入所得税、公司利润税、工商营业税、工资税、增值税、地产税、遗产税、内部消费税、石油税收、注册税、印花税等。征收方法采用源泉扣缴和查实征收两种方法。前者主要适用于对薪金及利息所得的征税。后者主要适用于对其他各项所得税的征税。

【总收入所得税（IRG）】阿尔及利亚居民在阿尔及利亚境内或境外获取的收入，或者阿尔及利亚非居民在阿尔及利亚境内获取的收入，均须按规定缴纳总收入所得税。总收入所得税的征课对象主要为自然人，亦称个人所得税。

纳税人的总收入所得包括生产经营收入、财产转让收入、利息、股息与红利收入、财产租赁收入、特许权使用费收入、工资及薪金收入、劳动报酬所得、稿酬收入等。纳税人每一纳税年度的收入总额减去准予扣除款（纳税人取得收入有关的成本、费用和损失）后的余额为应纳税所得额。纳税人在应纳税所得额的基础上按表1税率纳税。

表1　阿尔及利亚总收入所得税税率

全年应纳税所得额（第纳尔）	税率（%）
0～120 000	0
120 001～360 000	20
360 001～1 440 000	30
1 440 000 以上	35

资料来源：阿尔及利亚国家税务总局。

对于纳税人获得的储蓄利息等，若利息金额等于或低于20万第纳尔，则须交纳1%的总收入所得税。若利息金额高于20万第纳尔，则须交纳10%的总收入所得税。股息和红利收入按15%征收总收入所得税。

单身者月收入低于8 000第纳尔，结婚者月收入低于9 000第纳尔者免交总收入所得税；单身者可享受10%的所得税减免，结婚者可享受30%。对于在南部沙漠地区（Adrar，Illizi，Tamanrasset，Tindouf）工作的居民，所得税享受50%减免。年收入低于6万第纳尔的自然人及外国驻阿尔及利亚使团工作人员免缴总收入所得税。驻阿尔及利亚外资公司雇用的外籍管理或技术人员按20%征缴总收入所得税。对从事文学创作或科学研究获得收入的自然人，若其收入低于50万第纳尔，按15%征收所得税，若收入高于50万第纳尔，则按基本税率征收所得税。对从事艺术品或传统手工业生产的企业十年内免征总收入所得税。

【公司利润税（IBS)】阿尔及利亚责任有限公司、独人责任有限公司、股份公司、合伙公司、工商事业机构等资本运作单位，以及阿尔及利亚税法规定的其他法人实体均须按规定缴纳公司利润税。公司利润税的征课对象主要为各类法人实体。

阿尔及利亚公司利润税以阿尔及利亚公司的境内及境外所得和外国公司来源于阿尔及利亚的所得为征课对象。公司利润是指生产经营收入、资本利得、股息和利息、租金、特许权使用费、劳务收入和其他收入等减去为取得收入而发生的、税法允许扣除的各种费用和损失后的余额。阿尔及利亚公司利润税税率见表2。

表2 阿尔及利亚公司利润税税率

税　　项	税率（%）
基本利润税	25
再投资利润税	12.5
特殊收入款项须征缴的利润税：	
债权、存款、保证金等利润所得	10
匿名票据或证券等利润所得	30（可减免）
未在阿尔及利亚设立公司的外国企业提供服务所获得的利润	24
特许权使用费收入利润	24

资料来源：阿尔及利亚国家税务总局。

根据阿尔及利亚碳化氢法，对在阿尔及利亚从事石油天然气勘探、开发、炼化的阿尔及利亚国家石油天然气公司（SONATRACH）及外国石油公司，阿尔及利亚政府征收85%的公司利润税，根据实施区域不同此税率可降低至75%或65%；对在阿尔及利亚从事石油天然气管道运输、天然气液化、石油与天然气分离的阿尔及利亚国家石油天然气公司和外国石油公司征收38%的公司利润税；阿尔及利亚政府免征上述公司的职业行为税及增值税。

为促进就业增长及地方经济发展，对接受"青年就业基金"扶助的青年创业者三年内免征公司利润税。对隶属于残疾人或老龄人协会的营利性企业免征公司利润税。对从事粮食、干果和椰枣生产的农业企业免征公司利润税。对在山区从事畜牧业经营的企业十年内免征公司利润税。对在伊利奇、廷杜夫、阿德拉和塔曼哈赛特等省区从事非碳化氢领域生产经营的企业五年内公司利润税按50%征收。

【职业行为税（TAP）】在阿尔及利亚境内提供服务（旅游、饮食、运输、金融、文体、仓储、代理、广告、娱乐等）、转让无形资产（转让土地使用权、专利权、商标权、著作权等）或者销售不动产（销售建筑物及其他土地附着物等）的企业或个人应缴纳职业行为税。职业行为税的征课对象主要为服务提供者或自由职业者。纳税人提供服务、转让无形资产或者销售不动产按照营业额和规定的税率计算应纳税额。应纳税额=(营业额−利润税)×税率。纳税人的营业额为纳税人提供服务、转让无形资产或者销售不动产向对方收取的全部价款和价外费用。职业行为税的税率为2%。阿尔及利亚的职业行为税类似于国内的工商营业税。

接受"青年就业基金"扶助的青年创业者三年内免征职业行为税。对销售进口商品或食品，但营业额未超过8万第纳尔的个体经营者免征职业行为税。对提供服务，但营业额未超过5万第纳尔的个体经营者免征职业行为税。销售国家财政补贴或国家定价的大宗消费品的营业收入免征职业行为税。对制造加工出口产品的企业和个人免征职业行为税。

【增值税（TVA）】在阿尔及利亚境内从事工业、商业或手工业、自由职业、金融保险、进口、批发零售、提供服务和智力支持、娱乐消费等行为者均须按规定缴纳增值税。增值税的课税主体为包括生产商、进口商、批发商和零售商等在内的企业和个人。阿尔及利亚政府对部分出口行为选择性地征收增值税。

增值税应纳税额=销售额×税率。销售额为纳税人销售货物或者提供服务向购买方收取的全部价款和价外费用，其中不含增值税支出。阿尔及利亚增值税税率分为两种，其中基本增值税税率为17%，适用于一般性行业；优惠增值税税率为7%，适用于电力煤气等能源供应、食品、房地产、医疗服务和中介服务等行业。

下列情况免交增值税：年度营业额低于13万第纳尔；销售面包、面粉、谷物类商品；销售奶及奶制品类商品；销售国家药品清单内的药品；石油企业使用的设备与机具；国际和国内的艺术展览、文化演出、体育比赛等活动；外国驻阿尔及利亚使团外交人员购置商品或获取服务；外国政府、国际组织无偿援助的进口物资和设备；转口产品或来料加工出口产品等。对因不可抗力而遭受损害的商品免征增值税，由于使用不当或偷盗等原因造成损失的商品不列入增值税免征之列。对偷漏增值税及造假者，阿政府将课以200%的罚金及6个月至1年的监禁。

【地产税（TF）】阿尔及利亚地产税按无建筑物地产和有建筑物地产两类进行课税。其中，无建筑物地产主要包括农业用地、盐场、石场、露天矿及可用于开发建设的土地等。有建筑物地产包括建筑地产、工商业地产及在上述地产上所建的房屋、仓储室、工厂及各类商业设施等。无建筑物地产税按照纳税人实际占用的土地市值为计税依据，依照规定税额计算征收（表3）。

表3 阿尔及利亚地产税税率

税　项	税率（%）
农业用地使用税	3
非城区无建筑物土地使用税	5
面积不超过500平方米的城区无建筑物土地使用税	5

（续）

税　　项	税率（%）
面积大于 500 平方米且不超过 1 000 平方米的无建筑物土地使用税	7
面积超过 1 000 平方米的无建筑物土地使用税	10
房产购置税	3
房产转让税	10
房产租赁税	7
面积不超过 500 平方米的城区有建筑物土地使用税	5
面积大于 500 平方米且不超过 1 000 平方米的有建筑物土地使用税	7
面积超过 1 000 平方米的有建筑物土地使用税	10

资料来源：阿尔及利亚国家税务总局。

有建筑物地产税按照纳税人实际占用的土地面积市值及房产余值为计税依据，依照规定税额计算征收。房产折旧率每年为 2%，最多不超过 40%。工商业房产折旧率最多不超过 50%。

国家机关、事业单位用地、教育、科研、文化、卫生、体育等公共设施用地，农业开发用地，铁路、公路、机场、港口等基础设施用地，外国驻阿尔及利亚使团工作人员办公用地等均可免交地产税。新建或重建的建筑物及其附属设施在建成后 7 年内免征土地税。

【国内消费税（TIC）】内部消费税是阿尔及利亚政府对烟草、香烟、雪茄、酒精、火柴等特殊商品的生产消费行为所课征的一个税种（表 4）。

表 4　阿尔及利亚国内消费税税率

商品品种	税　　率
啤酒	每百升 3 610 第纳尔
棕褐色烟草香烟	每千克 1 260 第纳尔

（续）

商品品种	税　　率
金黄色烟草香烟	每千克 1 245 第纳尔
雪茄	每千克 1 470 第纳尔
吸烟用烟草	每千克 620 第纳尔
咀嚼烟草或鼻吸烟草	每千克 710 第纳尔
火柴	每一百盒（40 支装）26 第纳尔

资料来源：阿尔及利亚国家税务总局。

【油气产品税（TPP）】阿尔及利亚政府对汽油、燃料油、柴油、液化石油气、丙烷、丁烷等油气产品消费所征课的税种（表 5）。

表 5　阿尔及利亚油气产品税税率

商品品种	税　　率
超级汽油	每百升 777.5 第纳尔
普通汽油	每百升 629.5 第纳尔
燃料油	每百升 68.9 第纳尔
柴油	每百升 163.8 第纳尔
液化石油气	每百立方米 260.8 第纳尔
丙烷	每 35 千克 35.65 第纳尔
丁烷	每 13 千克 25.2 第纳尔

资料来源：阿尔及利亚国家税务总局。

【印花税（DT）】阿尔及利亚政府对在官方注册登记的购销合同、商业票据、营业证书、转讫收据、身份证件等有关凭证的企业或个人征收印花税（表 6）。

表 6　阿尔及利亚印花税税率

税项	税　　率
普通合同	400 第纳尔
一般收据	200 第纳尔
营业执照	4 000 第纳尔
身份证件	500 第纳尔

资料来源：阿尔及利亚国家税务总局。

2. 关税政策

关税政策： 截至 2012 年年底，阿尔及利亚尚未加入世贸组织（WTO）。阿尔及利亚现行海关关税税率于 2002 年 1 月 1 日起开始实施，按规定对进口产品征收 5%、15%和 30%三种基本关税税率：即所有的原材料和药品按 5%税率计征，半成品及粮食、干菜和小汽缸轿车按 15%计征，其他成品按 30%计征。此前，阿尔及利亚普通商品进口关税最高税率为 45%，实施新税率后约 2 000 种商品的关税得到不同程度的降低。临时进口（如展会用设备）不需要缴纳关税，但必须取得属于临时进口的证明文件，如进口后在当地销售，则需补缴关税。

农产品关税： 2005 年 9 月 1 日，阿尔及利亚与欧盟的联系国协议正式实施。根据协议规定，阿尔及利亚与欧盟双方将逐步削减包括工业品、农产品、鱼产品和加工农产品在内的所有商品的关税。其中，欧盟立即免除产自阿尔及利亚的工业品、农产品、鱼产品和加工农产品的全部进口关税，无数量及配额限制；阿尔及利亚将在协议实施之日起免除产自欧盟的近 2 100 种工业品关税，其余工业品将按敏感程度不同逐步减税，7～12 年完成免税。对于产自欧盟的农产品、鱼产品和加工农产品，协议做出了非常明细的规定，每一种产品均规定了具体的减免税率和进口配额，其基本原则如下：在配额限量以内，对原先以 5%税率征税的农产品、鱼产品和加工农产品，阿尔及利亚方立即免除进口关税；对原先以 15%

和30%计征关税的农产品、鱼产品和加工农产品，一部分进口关税直接免除，另一部分则分别在原关税税率基础上按50%和20%比例减征。超过配额的农产品、鱼产品和加工农产品进口则继续按阿尔及利亚方现行税率征税。按照协议规定，阿尔及利亚和欧盟双方将在五年之后对上述的农产品、鱼产品和加工农产品进口关税实施税率进行调整。

3. 投资税收优惠政策

【投资鼓励政策】针对符合法律规定的所有投资项目，在向阿尔及利亚投资发展局申报并获批准后，享受以下优惠政策：①实施投资阶段：免征直接用于投资所进口的设备关税；免征直接用于投资所进口或当地购买的产品和服务增值税；免征在投资范围内购置的全部不动产的有偿转让税。②税务部门证明投资项目进入经营阶段后（3年内）：免征公司利润税（IBS）；免征职业活动税（TAP）。

【行业鼓励政策】对国民经济发展具有特别利益的投资，这类投资需由投资发展局代表国家和投资者谈判、签订有关协议，经国家投资委员会的批准方可给予相应的优惠政策，全部或部分享受以下优惠政策：①实施投资阶段（最长5年）：免征进口或当地购买的投资所需产品、服务所有应征税收；免征与生产有关的不动产转移及为其刊登合法公告的注册税；免征注册和增加资本时的注册税；免征生产所需不动产的土地税。②在税务部门证明投资项目进入经营后（最长10年）：免征公司利润税（IBS）；免征职业活动税（TAP）。

【地区鼓励政策】在国家特别扶持的区域（目前主要为阿尔及利亚南部省份）的投资，享受以下优惠政策：①实施投资政策：免征在投资范围内购置的全部不动产的有偿转让税；注册和增加资本时，注册税按2‰征收；经国家发展局估价后，国家全部或部分承担为实施投资所需要的基础设施建设费用；免征直接用于投资所进口的设备关税；免征在投资范围内购置的全部不动产的有偿转让税。②税务部门证明投资项目进入经营阶段后：10年经营期内免征公司利润税（IBS）和职业活动税（TAP）；用于投资范围内的不动产，从购置之日起10年内免征土地税；给予能改善和（或）有利于投资的额外优惠，例如，结转亏损、折旧期限等。

【特别关税区、保税区】阿尔及利亚全国目前有66个工业区，总面积12 800公顷，还有477个经济活动区，面积7 300公顷，但开发进度缓慢，仅几个大城市的工业区企业较多，且区内目前并无特殊优惠政策。阿尔及利亚目前尚无免税区。目前正实施新工业战略，大力发展经济活动区建设，有望在将来与世界接轨，建立真正意义上的免税区和工业区，吸引更多外来投资。

给予外国投资的所有优惠，无论是一般性优惠还是特殊优惠都必须注明。可汇出境外的利润中必须扣除享受的这些海关、税收或其他优惠政策减免的同等金额。投资者须将享受公司税减免政策获得的利润用于再投资，且投资额不低于其4年内获得的所有税收减免额度总和。如公司拒绝再投资，将无法再享受税收优惠。

四、投资政策

1. 投资主管部门及相关法规

投资主管部门：

【国家投资管理委员会】委员会对阿尔及利亚总统负责，由财政部部长、工业和投资促进部部长、内政与地方行政部部长、贸易部部长、能源矿业部部长、工业部部长、中小企业和手工业部部长、国土整治与环境部部长组成。所有外商投资项目都须提前经委员会审批。委员会每季度召开一次全体会议，如有需要，任何成员均可申请召开会议。

【工业和投资促进部】制定国家投资政策，初步审批重大投资项目。

【国家投资发展局】为行政公共机构，具备法人资格。其主要职责为：保证国内外投资的实施、发展与监督，给予常驻和非常驻投资者投资信息指导和支持，通过“一站式”服务简化创建公司的手续，保障投资优惠有效落实，管理投资扶助基金和投资范围内的不动产，负责收集整理各类投资信心，与阿尔及利亚和国外的公共私人机构建立合作关系，发现投资障碍并建议政府将其清除以创建良好的投资环境。国家投资发展局在阿尔及利亚、布利达、奥兰、君士坦丁、安纳巴、乌尔格拉和贝贾亚设立了7个“一站式”办公机构。

投资法律法规：阿尔及利亚与贸易和投资有关的法律法规主要包括：《海关法》、《投资法》、《贸易法》、《商业法》、《商标法》、《植物检疫和卫生控制条例》、《劳动法》、《税法》、《公共合同法》、《货币和信贷法》、《银行保险法》、《反走私法》等。阿尔及利亚财政部每年公布的财政法令及其补充法令会对贸易、税收、投资领域的有关规定做出补充或变更。

2005年5月，阿尔及利亚内阁会议审议并通过了反倾销法、反补贴法和贸易保护措施实施细则的三项行政法令，旨在更好地规范各类进出口行为，在扩大市场开放的同时，进一步加大对本国产品的贸易保护力度，以适应阿尔及利亚加入WTO的现实需要。

2005年7月，阿尔及利亚财政部颁布了《2005年财政法补充法案》，规定只有最低注册资本为2 000万第纳尔（约合220万人民币）的法人才能从事进口分销活动。该条法案旨在打击逃税和规范国内进口市场。

2005年8月，阿尔及利亚部长会议审议并通过了《资本投资公司法案》。新法案旨在完善经济行为投资模式，通过调动企业及居民闲置资金鼓励各类生产投资行为，协助企业筹措资金进行扩大再生产。

2. 投资行业规定

阿尔及利亚2001年8月20日颁布了《投资法》NO. 01－03号，并于2006年7月15日颁布了NO. 06－08号法令对《投资法》

进行更新，加大了对外国投资的开放力度。阿尔及利亚对外国投资者实行国民待遇，除相关法律限制或不符合环保规定的投资活动外，没有专门针对外国投资者的限制领域。投资开展相关法律限制的活动，须获得政府批准。政府鼓励非碳氢领域的投资，尤其是工业、农业领域的投资。

外国投资除受双边投资协定保护外，投资者还可与阿尔及利亚投资发展局商签投资协议。2009 年阿尔及利亚政府出台新法令，规定与外国的合资公司中，阿尔及利亚方须控制股权。

3. 投资方式及出资额度限制

外资投资阿尔及利亚的方式包括新建企业、扩大生产能力、企业重组，也可以实物股或现金股形式参股经营，或在阿尔及利亚公有企业部分或全部私有化过程中进行并购，特许经营权或执照的授予（申请专利、注册商标等）也是一种形式的投资。

阿尔及利亚 2001 年 8 月颁布法令，开始实行公有企业私有化改造，近 1 000 家企业接受改造。但至 2008 年仅有 100 多家竞争激烈行业的企业由本地企业收购，上市等金融市场手段在此过程中无法发挥作用，因为阿尔及利亚证券市场几乎不运行，私有化主要是通过招投标和自行商谈。

以招投标方式并购当地企业的程序是：在对收购企业进行资产评估后进行招标，500 人以下的公司，双方在参股管理公司指导下商谈；500 人以上公司的并购商谈由工业和投资促进部监管。双方达成协议后将建议报国家参股委员会审批，由委员会全权决定。

在所有外国直接投资或合作投资项目中，阿尔及利亚公司必须控股，即控股比例不得低于 51%，但是阿尔及利亚方控制的这部分股份可以分散在几家公司手中，外方仍可保持最大股份，以便于阿尔及利亚方学习到外方高质量的管理。例如，阿尔及利亚方控股占 60%的股份，但分散于三家阿尔及利亚公司，实际阿尔及利亚三方各自只占 20%的股份，外国公司的 40%的股份仍占大头。该措施覆盖所有的投资领域，包括金融和能源领域的各个分支行业。

4. 外资企业的利润及汇出限制

阿尔及利亚实行外汇管制，仅实现经常项目下部分可兑换，中央银行掌控所有外汇资源。自 20 世纪 90 年代外贸垄断体制被废除以来，阿尔及利亚外汇管制已大幅放宽，资金流入流出较以前更为自由。

阿尔及利亚中央银行在外汇管制上有总管辖权，负责制定外汇交易管理法规并监督指定的银行实施法规。此外，中央银行把外汇管理权下放给阿尔及利亚国民银行、人民信贷银行、对外银行、地方发展银行、农业与乡村发展银行、互助储蓄银行等 6 家国有商业银行，并允许在阿尔及利亚设立分行的美国花旗银行、法国兴业银行等少数外国银行或私人银行进行外汇业务操作。只有中央银行及其授权外汇银行才可进行第纳尔与其他外汇之间的兑换。除此之外，其他在阿尔及利亚境内的任何外汇交易都属非法行为。公司利润汇出需缴纳 15％的红利税。

五、融资政策

1. 外汇管理

阿尔及利亚法定货币为第纳尔（Dinar），未实现完全可自由兑换。2012 年 9 月以来，第纳尔兑美元的汇率一直维持在 1 美元兑换 79 第纳尔左右的价位，第纳尔兑欧元的汇率一直维持在 1 欧元兑换 103 第纳尔左右的价位。

美元和欧元为阿尔及利亚主要对外结算货币。在对外结算时，阿尔及利亚允许进口商使用供货商总部所在国的流通货币或商品来源国的货币支付，而在与未签订支付协议的国家进行结算时要求进口商使用美元、欧元等可自由兑换货币。目前人民币与第纳尔不可直接结算。

在阿尔及利亚境内的阿尔及利亚籍或外籍公民，无论法人或是自然人，均可用外币开设外汇结算账户。外国人开设的外汇账户可以接收来自国外的汇款，也可以接受来自阿尔及利亚不同银行外币账户的转款，甚至是等额的第纳尔，但在存储或支出时必须按向国外转汇的条件办理。以相关人员名称开设的外币账户只有在贷方有余额的情形下操作，不允许出现借方余额。在账户余额内，持有人可以取款或往国外转款。

2. 银行机构

银行体系：阿尔及利亚的中央银行为阿尔及利亚银行，负责制订国家货币政策、发行货币、管理国家外汇储备等，尤其是监管对外信贷和资本流动。该行制订和执行比较严格和审慎的金融政策，并实行外汇管制，有总管辖权，负责制定外汇交易管理法规并监督指定银行实施这些法规。阿尔及利亚现有 11 家国有银行、16 家私营银行，银行网点约有 1 289 个，遍布全国。93％的银行贷款由国有银行发放。国有银行国际市场化程度较低，不按商业银行模式运作。

中资银行：目前阿尔及利亚尚无中资银行。

3. 融资条件

外国企业可在阿尔及利亚当地银行融资，但须以母公司名义申请，且母公司的资信状况须得到信用等级为一级的国际银行的证明。

六、劳工政策

1. 劳动力供求状况

据阿尔及利亚国家统计局最新统计数据，截至 2012 年 1 月 1 日，阿尔及利亚人口约为 3 710 万，年均增长率为 1.72％。到 2020 年，人口预计达到 4 000 万。青壮年占总人口约 2/3，70％的妇女为非就业人口。

阿尔及利亚劳动力总体过剩，劳工素质不高，技术水平较低，中青年管理人才缺乏，地区水平差异较大。阿尔及利亚本地熟练技工基本无法满足外国公司的需要。随着阿尔及利亚国内局势的稳定，其工程承包市场进入蓬勃发展阶段，在水利建设、住房、机场、港口、道路的建设上，都需要大量劳动力。

阿尔及利亚最低工资标准逐年递增，现为 18 000 第纳尔/月（每周工作 39 小时），一般月工资净收入 17 000～32 000 第纳尔。缴纳的社保和休假基金总和约占工资总额的 50%，其中 9%由个人承担，企业负担较重。

2. 劳动就业规定

劳动合同期限：阿尔及利亚劳动法主要将劳动合同分为：根据合同期限，分为固定期限劳动合同与无固定期限的劳动合同；根据劳动合同的形式，可分为书面劳动合同与非书面劳动合同。需要指出的是，如用人单位与劳动者未签订书面劳动合同，则该劳动关系被认定为无固定期限（这一点不同于中国的事实劳动关系）。试用期不得超过 6 个月，专业资格要求较高的岗位可延长到 12 个月。

报酬和额外薪金：雇员有权获得与其工作成绩相对等的报酬，劳动报酬的支付形式和发放金额由雇主和雇员协商确定，报酬可以工资收入或收益提成等形式表现，一般以货币形式支付。报酬总额及有关补助应在工资单中出现。目前阿尔及利亚执行最低月工资标准 18 000 第纳尔。加班费为正常工作时间工资的 1.5 倍。

劳动时间：法定每周工作时间为 40 小时；某些在工作时间可能存在无工作情况的岗位，每周工作时间可以增加；从事高体力、危险或容易在身体和心理方面产生特别压力的工作每周工作时间可缩减。每周加班时间不可超过法定工作时间的 20%。

辞退赔偿：按照法律规定，雇主有权根据公司业务发展的需要做出裁员。在裁员前，雇主应尽量采取缩减工作时长、转移工作部门、安排提前退休等保留员工就业机会的措施。遭到裁退的雇员应享受一定补偿。在公司合并、被吞并或被收购的情况下，雇主和劳动者的劳动关系不变。雇主对经验和技能不符合工作要求的雇员有权予以辞退。此外，对在工作期间拒绝履行工作义务、违反规定擅自罢工、在公共场合酗酒或吸毒、实施暴力行为、发生刑事犯罪、泄漏公司机密的雇员，雇主可对其进行辞退处理。辞退前应该书面通知本人并听取其他雇员意见。

雇主的其他义务：拥有20名雇员以上的公司必须对员工进行技能培训，以便其掌握必需的理论和实践知识。按法律规定，所有雇员必须参加雇主组织的培训或进修，以适应、加深或提高专业及技术知识。在经雇主同意的情况下，雇员可脱岗也可利用工作或休假时间参加职业或技能培训。雇主对15～25岁青年进行学徒培训。雇主可在学徒学习期间免交学员的各类社会保险费用。参加培训或进修的雇员在雇主的同意下，可按其专业资格及等级并根据其能力和业绩进行提升。

企业社会保险的缴纳：阿尔及利亚法律规定的社保基金和休假基金种类主要包括社会保险、工伤和医疗保险、退休保险、失业保险、提前退休金、社会住房基金和休假基金等。其中社会保险缴纳比例为14%，雇主承担12.5%，雇员承担1.5%；工伤和医疗保险缴纳比例为1.25%，由雇主全部承担；退休保险缴纳比例为17.25%，雇主承担10.5%，雇员承担6.75%；实业保险缴纳比例为1.5%，雇主承担1%，雇员承担0.5%。

3. 外籍人员工作的规定

阿尔及利亚法律规定，雇主在缺乏生产或项目需要的本地熟练工人时，可以雇用外籍工人，一般来说，雇用的外籍工人必须是技术工种。雇用外籍工人时，需向地方劳动部门提交申请获得外籍劳务指标，办理签证还需经过劳动就业部和外交部批准，手续较为复杂。外籍工人入境后，需办理劳动证，劳动证有效期两年，可延期；另外，还应向当地警局申请办理居住证。

在阿尔及利亚外国企业雇用外籍工人时所征工资收入税分以下两种情况：未在阿尔及利亚常驻的外国企业，在给其外籍员工发放工资时应扣除所得税，一般为20%；在阿尔及利亚正式注册或常驻的外国企业，一律按照当地工资收入所得税规定从其员工工资扣缴税收。

社会保险方面，外籍员工一律享受当地的保险（有国际协议另外规定的除外），企业必须按规定为外籍员工办理各类保险。

外籍员工的工资纳税后可以汇出，需向当地劳动部门提交申请，但目前较多的情况是承包工程合同下的外籍员工，工资发放、流动均按照合同规定执行。

4. 工作证办理

主管部门：外国人赴阿尔及利亚工作的主管部门是劳动、就业和社会保障部，其下属在各地有劳动局。长期在阿尔及利亚工作须获得工作许可。

工作许可制度：外国人在阿尔及利亚就业必须在项目所在地的省劳动局办理劳动证，在当地警察局办理居住证，同时还要向当地的劳动监察局申报。

申请程序：申请人必须是企业本身，条件是必须在阿尔及利亚有工程合同或与阿尔及利亚的政府部门或企业有正式的劳务合同。

提供资料：企业将企业资料（营业执照、税卡）、整个项目所需要的劳动名额表、申请信函、回国保证、合同文本等资料递交劳动部，待劳动部批准以后，将批准信函发送当地劳动局。企业可将准备的分批赴阿尔及利亚人员名单、申请信函、回国保证和临时集体劳动准证（需劳动局和业主签字）等资料一份递交到劳动局，一份劳动部备案，另外一份寄回国内，即可在本国的驻阿尔及利亚使馆申请办理劳动签证。具体材料必须到当地劳动局咨询。

七、农业保险和外商农业投资保险政策

目前阿尔及利亚共有 16 家保险公司，共 1 500 个营业点，还有 450 家保险总代理和 30 家保险经纪公司。经营的保险产品大约 100 种。2006 年，全行业共实现营业额约 6.7 亿美元，其中汽车保险占 45%，火灾、事故及多种风险的保险占 38%，交通保险占

9%，人身保险占6%，农业保险占1%。国有保险公司占了大多数的市场份额，约80%，私人和外商近年来也开始进入保险市场，营业规模逐渐扩展。

八、我国已经与合作国所签署的双边投资保护协定

1. 双边投资保护协定

1996年10月，中国和阿尔及利亚签署《中华人民共和国政府和阿尔及利亚民主人民共和国政府关于鼓励和相互保护投资协定》。

2002年8月，中国和阿尔及利亚签署《中华人民共和国政府和阿尔及利亚民主人民共和国政府经济技术合作协定》。

2002年8月，中国和阿尔及利亚签署《中华人民共和国政府和阿尔及利亚民主人民共和国政府文化协定执行计划》。

2006年11月，中国和阿尔及利亚签署《中华人民共和国政府和阿尔及利亚民主人民共和国政府关于对所得税和财产避免双重征税和防止偷漏税的协定》。

2. 其他协定

2006年11月，中国和阿尔及利亚签署《中华人民共和国国家质量监督检验检疫总局和阿尔及利亚民主人民共和国贸易部关于食品安全合作谅解备忘录》。

2006年11月，中国和阿尔及利亚签署《中华人民共和国国家质量监督检验检疫总局和阿尔及利亚民主人民共和国贸易部关于工业品检验合作谅解备忘录》。

九、有关农业生产、收储、加工、流通的其他鼓励或限制政策

根据阿尔及利亚法律规定，葡萄酒、蔬菜罐头、鱼罐头、制干

的李子、坚果仁和胡桃、蜂蜜、人造黄油、奶制品等商品无论什么情况都须注明原产地。对使用干草和秸秆包装的规定：禁止使用任何一种会将病菌带进国境的包装材料。由于货包在阿尔及利亚存放于露天，因此须注意采用防水包装。

由于宗教原因，阿尔及利亚政府禁止进口猪肉产品。对其他肉类产品的进口要求通过特别测试并进行标识。另外，阿尔及利亚政府强制规定进口产品、特别是消费品必须用阿拉伯语进行标识。阿尔及利亚政府除了限制出口棕榈秧苗、绵羊和历史古文物之外，取消了其他的出口限制。

阿塞拜疆

一、投资者国民待遇

1. 投资者国民待遇

阿塞拜疆已对外资实行国民待遇。阿塞拜疆共和国《投资经营法》第十八条规定：国家对所有的投资，不论其所有制形式，包括外国投资，进行保护。按阿塞拜疆法律，按与其他国家签订的合同，对投资者进行保护。投资者包括外国投资者，保证有平等的待遇，除非采取特殊措施能妨碍投资管理、使用和终结，甚至妨碍投入的贵重物品投资成果出口的规定条件和程序的进行。阿塞拜疆共和国《外国投资保护法》还规定：外国投资者享受的权利待遇不应低于阿塞拜疆共和国法人和公民的财产权以及投资经营的待遇，对那些在国民经济优先部门以及个别地区的投资可按阿塞拜疆法律给予税收及其他优惠。

2. 最惠国待遇

目前，阿塞拜疆没有给予中国最惠国待遇。

二、土地政策

1. 土地资源及土地价格

农业资源：阿塞拜疆国土面积为 8.66 万平方公里，农业用地占国土面积 52.3%。约 460 万公顷可以耕种或放牧，其中约 178 万公顷为水浇地，其余大约 280 万公顷为旱地。在已开垦的土地中，粮食作物种植面积为 82.5 万公顷，其中小麦种植约为 60 万公顷；水果蔬菜占 30 万公顷；种植牧草占 30 万公顷。阿塞拜疆年平均气温 15℃。7 月平均气温 26℃，1 月的平均气温为 4℃。夏季干燥，大部分降水集中在冬季。阿塞拜疆土壤土质以黏土、亚黏土为主，其主要粮食作物有小麦、玉米、土豆，蔬菜有圆菜、黄瓜、西红柿、茄子等，其大部分地区适合石榴、苹果、葡萄等树木生长，其中核桃果、橄榄油在中亚、外高加索负有盛名。另外，阿塞拜疆的农业用地都适宜种植牧草，高加索地区的特殊土壤和气候条件使得当地牧草中的蛋白、糖类成分含量较其他地区为高。由于濒临里海，阿塞拜疆的渔业也较为发达，主要鱼类品种有鲑鳟鱼、闪光鲟、欧鳇、鲱鱼、库图拟鲤、里海拟鲤、赤梢鱼。

土地和房屋价格：阿塞拜疆首都巴库市区的房屋租赁费用按区段不同而有所差别。最繁华的海滨大道和步行街地段每月 500 多美元/套（70～80 平方米），而非闹市区段则一般在 100～200 美元。这样的房子水、电、气、电话等设施一应俱全，无须为这些犯愁。在阿塞拜疆其他城市如占贾市、苏姆盖特市等地的房屋租赁费用比巴库要低。值得一提的是，阿塞拜疆目前的水、电、气全部靠国家补贴，费用低廉。

2. 土地投资政策

阿塞拜疆法律明确规定外国法人和自然人、无国籍人士在阿塞拜疆不能取得土地所有权，但可以取得土地租用权，最长期限为 99 年。

三、税收政策

1. 税收制度和主要税率

税收制度：阿塞拜疆现行税制的主要法律文件是《阿塞拜疆共

和国税法通则》，其最新修订版于2007年1月1日正式生效。阿塞拜疆税法通则规定，阿塞拜疆实行国税、自治共和国税和地方税三级税收体系。同时，根据该部法律关于特定情况下可以实行特殊税制的规定，作为一个以石油为经济支柱的国家，阿塞拜疆对在"产品分成协议"（Production Sharing Agreement，通常缩写为"PSA"）框架下在阿塞拜疆进行石油天然气开发的外国投资者实行特殊税制。现阶段，对在阿塞拜疆从事金矿、铁矿等矿产资源投资开发的外国公司，阿塞拜疆政府也比照执行特殊税制。

主要税率：

【土地税】土地税按年征收，在阿塞拜疆境内拥有或租用土地的自然人或企业均须缴纳。自然人土地税属地税征收范围。阿塞拜疆国家主管部门根据全国各地土地的具体用途、地理位置和土质等因素制订出相应的地块标准等级系数，每年缴纳一次。农用土地每一个计算单位（如1公顷）的税率为标准最低月收入金额的0.3%。工业、建筑、商业、运输、通讯等每平方米用地税率在0.06%～0.3%；住宅用地税率在0.005%～0.025%。

【公司利润税】在阿塞拜疆正式注册的法人企业（含外资企业）在其境内的经营收入为征税对象，税率为扣除增值税和消费税后企业收入总额的22%，按年征收。这一税率实际仅限于巴库和阿布希隆半岛地区。税法通则规定，占贾、苏姆盖特、明格切乌尔和阿里—白拉姆雷等四城市、山区以及纳希切万自治共和国、巴库—阿布希隆半岛以外地区的企业法人可分别减免20%、60%和40%的税金。员工总数中残疾人过半的社会福利企业减半征税。

【个人收入所得税】征税对象为自然人（包括阿塞拜疆公民和在阿塞拜疆长期居留的外国公民和无国籍人士）在阿塞拜疆境内取得的全部收入，按年征收。此税实行累进税率。税率12%～35%，起征点为标准最低月收入（2005年为21.3万旧马纳特，约合46.7美元），起征点以下部分免税。收入1 000马纳特（AZN）以下者（含1 000AZN），税率为14%；收入超过1 000AZN者纳税金额＝

140AZN＋超过 1 000AZN 的部分×35%。

【增值税】征税对象为在阿塞拜疆境内生产的商品（工程、服务）和进口到阿塞拜疆境内的商品（工程、服务）。计税基础为应税对象的申报价值，税率为 18%。商品（工程、服务）出口环节，以及法律规定的其他情况不征收增值税。阿塞拜疆法律规定的特殊情况可免征增值税（如：在 PSA 协议项下在阿塞拜疆从事矿产资源开发的外资企业可免缴增值税）。阿塞拜疆政府不定期地对免征增值税的进口商品名录进行调整。

【消费税】纳税对象为阿塞拜疆境内生产和进口的应税商品，主要涉及食用酒精类饮料、烟草制品和石油加工产品。主管部门每年根据具体情况对税率进行相应调整。对于在进口环节征收的消费税，在其转口时实行退税。阿塞拜疆法律规定的特殊情况下可免征消费税，或退税（如转口贸易、利用应缴纳消费税的原材料商品进行其他消费税商品的生产等）。阿塞拜疆政府主管部门根据具体情况对税率进行不定期调整。

【财产税】按年征收。征税对象为位于阿塞拜疆境内的私有建筑物及其附属部分（房产）；属于常驻居民（自然人）私有的航空器和水上交通工具；企业（包括外资企业驻阿塞拜疆代表机构）账面固定资产的年平均价值。在阿塞拜疆外资企业或代表处仅需为其名下的固定资产纳税，税率为固定资产（不含汽车）年平均剩余价值的 1%。

【房产税】房产价值不足 5 000AZN 者免税；价值 5 000AZN 以上者税率为该房产总价值的 0.1%。

【道路税】适用于非阿塞拜疆本土企业或个人。当其驾驶外国牌照汽车进入阿塞拜疆境内并利用阿塞拜疆领土进行客货运输时，须按规定缴纳道路税。由阿塞拜疆海关在汽车入境时征收。税率因车辆种类、在阿塞拜疆停留时间、载客量、载重量等不同而有所区分。一部小轿车停留一天的税金一般为 15 美元，一周为 30 美元，以此类推；载重货车 20～30 美元/天。除上述基本税金外，载重汽车还要根据总重和在阿塞拜疆境内行驶里程附加纳税，例如总重37～41吨的货车税率为0.15美元/公里。

【资源税】适用于在阿塞拜疆境内或阿塞拜疆属里海大陆架从事矿产资源开采的企业和个人。税率根据不同矿产资源种类确定，计税基础为应税资源性产品的批发价格。原油的税率为26%；黑色金属（铁矿石、赤铁矿等为）3%；有色金属（铜、铅、锌、铝土、钼、钴等）为4%；贵重金属（金、银）为8%；稀有金属（汞、锑）为4%；装饰用石材（大理石、辉长岩、火山岩、石灰岩等）为8%；沸石、重晶石、陶瓷原料、建筑用砂、高硬度砂砾加工材料、矿盐、制水泥用原料、含碘水资源等其他非金属矿物资源的税率为3%～6%；矿泉水为8%（对在山区进行矿泉水生产的企业和个人减半征税）。

2. 关税政策

关税政策：1995年4月阿塞拜疆政府通过了《阿塞拜疆共和国临时进出口关税》，规定对进出口一律征收关税。1997年1月1日，阿塞拜疆政府制定了新的进出口关税税率，全部取消了出口商品的海关关税，进口商品的关税一律调至15%。

外国独资企业、在法定基金中含有30%以上外资的合资企业，无需取得任何许可证即可自由进口生产原材料及设备，对外国投资者投入合资企业或独资企业的法定基金和建立独资企业所需的进口物资免征进口关税，免征为满足外国投资企业工作人员个人需要的物资进口关税。

由外国投资者输入阿塞拜疆共和国作为固定资本投资的财产，免除关税和进口税，外企的外国职工带入阿塞拜疆共和国的日常用品，免除关税。

阿塞拜疆海关税以进口税为主，出口税为辅，出口税主要针对某些国内短缺的有色金属。进口税以从价税为主，分5个级差，最低0.5%、最高15%，中间有3%、5%、10%三个级差。另外对部分进口商品如水产品、汽车及其配件实行从量税。除关税外海关还代征消费税和增值税。消费税从5%到90%不等，增值税为18%。海关收取海关手续费。通常按到岸价的0.15%收取，外币按面值的0.15%收取。过境货物按每单30美元收取。

农产品关税：为保护本国农产品生产者的利益，促进农业生产的恢复和发展，阿塞拜疆拟将部分农产品的进口关税提高至原来的2～3倍。目前，阿塞拜疆海关委员会和农业部起草的有关提案已经提交到阿塞拜疆“入世”工作委员会。根据世界贸易组织的要求，阿塞拜疆政府应于年内修改和重新制订一系列法律法规，包括沿用数年的“海关法”及进口商品关税。据悉，新的提案还建议对原材料、用于生产目的的设备、医疗设备和养禽业设备等商品的进口实行零关税。

3. 投资税收优惠政策

【农业税收优惠政策】2005年阿塞拜疆政府制定对农产品生产者财政补贴和税收优惠政策，2007年阿塞拜疆国家财政对农业的补贴总计6 890万马纳特，约合8 100万美元。这一政策今后将继续实行，并可能进一步增加对农民购买柴油、化肥补贴数额。同时，政府也鼓励银行给农民提供信贷支持。阿塞拜疆对外国投资在税收及市场准入方面制定了一些优惠政策，如《外国投资保护法》及《投资法》中均未明确规定合资及独资企业注册资金的数量和份额限制。阿塞拜疆政府鼓励外国企业、自然人投资农业，并提供财政补贴，减免税费等优惠政策。这些政策同样适用于中国企业。

【减免税政策】按目前阿塞拜疆有关法律规定，对外国投资实行两年免缴所得税，两年后按15%征收所得税，如外国投资者利用所得利润进行再投资，根据投资领域的不同，可免征其再投资应缴所得税的20%～30%。

【投资鼓励政策】1997年1月1日，阿塞拜疆取消了出口商品的海关关税，进口商品的关税一律调至15%，这一措施不仅使阿塞拜疆向国际规范化贸易迈进了一步，而且也使阿塞拜疆市场进一步开放，吸引了更多的外国投资。同时阿塞拜疆对外国投资在税收及市场准入方面制定了一些优惠政策，如《外国投资保护法》及《投资法》中均未明确规定合资及独资企业注册资金的数量和份额限制，外国独资企业、在法定基金中含有30%以上外资的合资企业，无需取得任何许可证即可自由进口生产原材料及设备，对外国投资者投入合资企业或独资企业的法定基金和建立独资企业所需的进口物资免征进口关税，免征为满足外国投资企业工作人员个人需要的物资进口关税。外国企业有权将自己生产的产品在国内市场销售或进口，外国投资者在缴纳了相应的税收后可将所得税兑换成外汇自由汇往境外等。

【特别关税区、保税区】阿塞拜疆政府鼓励向首都以外地区的社会经济发展项目投资。阿塞拜疆独立后迄今尚未正式设立特殊经济区域。

四、投资政策

1. 投资主管部门及相关法规

投资主管部门：阿塞拜疆政府投资主管部门是经济发展部，负责外资事务的部门是其下属的外国投资和技术援助协调司；主管国内投资政策、国家投资规划以及协调国家投资项目的主管部门是该部的国家投资司。

投资法律法规：阿塞拜疆涉及投资活动的现行主要法律法规有：《民法》、《投资活动法》、《外国投资保护法》、《企业经营法》、《税法通则》、《海关法》、《反垄断经营法》、《私有化法》、《法人注册法》、《破产法》、《会计法》、《保险法》、《商业秘密法》、《价格调节法》和《关于向部分经营活动发放经营许可证的办法》等。

2. 投资行业规定

对外国投资实行有效的行业管理，禁止政府职能部门对外国投资的行政干预，规定国家政府职能部门对外国投资的行政干预，国家机关或其工职人员妨碍正常的投资活动并由此造成的损失，外国投资者有权得到补偿；其次，在降低投资风险方面也进行了一些规定，如规定阿塞拜疆修改后的法令使投资条件不如以前，外国投资者可沿用开展投资时所依据的法律至该投资活动结束等。

3. 投资方式及出资额度限制

根据阿塞拜疆《投资法》和《外国投资保护法》规定，外资企业的主要权利包括：通过在阿塞拜疆境内建立独资企业、合资企业、购买企业股份、债券、有价证券、土地和自然资源的使用权、其他财产权等方式在阿塞拜疆进行投资；参与阿塞拜疆国有资产、地方自治机构资产的私有化；从事阿塞拜疆法律未加禁止的其他任何经营活动。

阿塞拜疆《投资法》虽未对限制外国投资的行业做明确规定，但实际上在外资进入其国内金融市场等行业的市场准入方面存在一定限制。例如外资在阿塞拜疆保险公司中的股份不得超过49%，外国银行驻阿塞拜疆分支机构必须依照其国内法开展经营等。

4. 外资企业的利润及汇出限制

企业出口产品所得外汇、在阿塞拜疆正常经营所得利润、外籍员工的工资收入均可由外资企业或员工自主支配。依法完税后可自由兑换成外币并汇到境外。

五、融资政策

1. 外汇管理

在阿塞拜疆经营所得的外汇在缴清规定的税款之后是可以自由汇出的。银行收取1%的手续费。另外按照阿塞拜疆有关外汇管理条例的规定，个人可以自然人身份一次携带10 000美元出境，其中1 000美元为免税带出，其余按1%上税后带出。个人也有权将其先前带入或汇入境内，已按规定在海关申报了的外汇带出或汇出国境。个人及企业也可以在阿塞拜疆内任何商业银行开设外汇账号，企业可根据阿塞拜疆国家银行的有关规定在境外设立外汇账号，企业间有权进行外汇交易，无数量限制，但无论是企业还是个人所需外汇必须按阿塞拜疆国家银行的规定，在国内外汇市场上通过阿塞拜疆国家银行制定的全权代理银行出售或买卖，禁止企业及个人以及个人之间进行外汇买卖。

阿塞拜疆有《外汇调节法》，对外汇实行有限管制。除个别有特别许可的饭店和商户外只允许本国货币马那特流通，但外币兑换比较方便。目前阿塞拜疆的货币基本实现了有限度的自由兑换，兑换的途径有 3 种：①银行间直接调汇；②通过交易所调汇；③通过兑换点兑换。企业往往采取头两种方式，个人多采取第三种方式。

阿塞拜疆对外汇进出境实行一定管制。一次带进带出 2 000 美元以内的，无须申报。超过 2 000 美元须申报，出境须提交合法证明，如进境报关单或银行证明。超过 5 000 美元部分须交纳 1%的关税。

从银行向外汇出，须提供合法依据，如对外合同等。

2. 银行机构

银行体系：阿塞拜疆共有 47 家银行，包括 2 家国有银行和 45 家私人银行，24 家银行有外国资本参与，其中 6 家银行外国资本额超过 50%。主要银行：阿塞拜疆国家银行，成立于 1992 年，负责货币发行、黄金外汇储备管控及对所有其他银行工作实行监督。阿塞拜疆国际银行为国有商业银行，成立于 1990 年，资产占阿塞拜疆银行系统的 40%，在国内外设有数十家分行，财政部是其主要股东。

中资银行：阿塞拜疆目前没有中资银行。

3. 融资条件

鉴于阿塞拜疆证券市场尚未发展到上市交易阶段，仅限交易所成员（股东）相互之间的交易，非交易所股东的外国公司暂无法直接参与当地证券交易。

六、劳工政策

1. 劳动力供求状况

阿塞拜疆属于非移民国家，自身存在较突出的失业问题。外籍务工人员最初集中进入阿塞拜疆是在20世纪90年代上半期。主要背景是阿塞拜疆政府决定利用外资，加速实施里海石油开发，大量外籍工程技术人员随外国资本和外国公司涌入阿塞拜疆境内，大多分布在各石油天然气开发项目。90年代中期以后，随着阿塞拜疆经济快速复苏和好转，外国人务工情况发生较大改变。越来越多的周边国家公民抱着打工挣钱目的来阿塞拜疆，多为自然人（个人）行为。据阿塞拜疆政府劳动就业部门了解，截至2006年年末，阿塞拜疆外籍务工人员总数超过2.5万人，绝大多数未在阿塞拜疆办理合法工作许可，是当年取得合法务工许可证总人数的20倍之多。这些外籍务工人员主要分布在阿塞拜疆各建筑工地和其他较艰苦行业，既无合法打工手续，又缺少必要的社会保障，同时对阿塞拜疆本国居民就业形成竞争。

2. 劳动就业规定

劳动合同期限： 阿塞拜疆《劳动法》规定，雇用员工时劳资双方应签订劳动合同。“劳动手册”是反映个人工龄、专业等就业状况的重要证件和依据，用人单位应对在本单位就职5天以上的雇员在“劳动手册”上及时进行登记，登记内容包括：何时雇用、专业或工种、专业资格（学历）、任职情况、被解雇的日期等。解除劳动合同时雇主应把“劳动手册”交给被解雇人。

报酬和额外薪金： 2007年，阿塞拜疆着手实行最低工资和基础退休金指数化，将两项指标的基准线确定为50马纳特（约60美元）。2009 年这两项指标的基准线将提高到 80 马纳特，按当前汇率约合 98.9 美元。

劳动时间：通常规定一周五天工作日，两天休息日。由于生产、工作、服务的性质及劳动条件，雇主或相应的权力执行机构在一周完整工作日的范围内可以规定六天制工作周。六天制工作周周标准为 40 小时，工作日持续时间不可以超过 7 小时；周标准为 36 小时，工作日持续时间不可以超过 6 小时；周标准为 24 小时，工作日持续时间不可以超过 4 小时。

雇主的其他义务：每位工作人员加班持续时间不应该在连续两天内超过 4 小时，而在有繁重及有害劳动条件的工作岗位不应该在连续两天内超过 2 小时。

企业社会保险的缴纳：阿塞拜疆法律规定，包括外资企业、外资机构在内的所有用工单位和个人均应缴纳社保基金，缴纳金额是企业或单位员工工资总额的 25%，雇主和受雇人分别支付 22% 和 3%。

3. 外籍人员工作的规定

主要法律依据是阿塞拜疆共和国《劳务移民法》（2000 年 1 月 15 日颁布实施、2004 年 1 月 9 日最后一次修订）、阿塞拜疆内阁 2000 年 12 月 6 日批准的《关于向外国人颁发在阿塞拜疆境内从事有偿劳动许可证的办法》（2006 年 5 月 22 日最后一次修改）等文件。主要规定包括：

（1）阿塞拜疆劳动和社会保障部是负责审批和颁发外国劳务工作许可（务工证）的政府职能部门。

（2）阿塞拜疆政府对吸收外国劳务实行配额管理。

（3）以下人员不在应办理工作许可的人员范围之列：在阿塞拜疆境内从事经营活动的外国人、根据国际协议成立的机构的负责人、外交机构和国际组织的工作人员、在阿塞拜疆出差 3 个月之内的人员、政府机构雇用的人员、媒体常驻机构工作人员、海员、受邀来阿塞拜疆从事授课、讲座、科研等工作的人员，以及现行法律规定的其他人员。

（4）外国劳务人员从事的应是阿塞拜疆公民无法与其竞争的专业技术工作。

（5）阿塞拜疆法人和自然人、外国法人在阿塞拜疆代表处和分支机构（以下统称“法人和自然人”）均有权申请雇用外国劳务，并应到政府主管部门申请办理吸收外国劳务来阿塞拜疆的许可。

（6）雇用外国劳务的法人和自然人应依照法定程序到阿塞拜疆劳动和社会保障部为被雇用的外国劳务申办个人务工证，并按规定提交必需的文件（雇主资料、受雇人个人资料、专业技能证书等）。个人务工证有效期原则上不超过 1 年，可办理延期（最多 4 次），但不得转让他人。

（7）雇用外国劳务的法人和自然人应与外国劳务个人签订劳动合同；外国劳务不得转到其他雇主名下。

（8）阿塞拜疆海关对外国劳务入境时携带的劳动工具和个人生活用品、出境时携带的在阿塞拜疆劳动报酬（工资）及其用劳动所得在阿塞拜疆购置的物品免征关税和增值税。

（9）外国劳务在阿塞拜疆工作期间享受与阿塞拜疆公民同等的劳动保护待遇；退休保障根据国际协议相关条款办理。

（10）外国劳务在阿塞拜疆期间应依法纳税，但不得对其双重征税。

（11）以其他理由入境的外国人在取得在阿塞拜疆个人务工证后应重新办理签证。

4. 工作证办理

阿塞拜疆现行法律规定，有意在阿塞拜疆务工或就业的外国人必须申办个人工作准证。取得工作准证后，移民局和内务部才能为其办理在阿塞拜疆长期居留手续，否则按非法滞留予以处罚。阿塞拜疆劳动和社会保障部是负责审批和发放外国人工作准证的职能部门，应由用工单位（雇主）向其提出办理申请。工作准证的有效期限为一年，如更换雇主应重新办理；工作准证可办理延期，最多可延期 4 次。

七、农业保险和外商农业投资保险政策

如果法律没有规定必须保险的话，外资企业的财产、生产、财政和其他风险的保险随其自愿。

八、我国已经与合作国所签署的双边投资保护协定

1. 双边投资保护协定

1994 年 3 月，中国和阿塞拜疆签署《中国和阿塞拜疆两国政府关于鼓励和相互保护投资协定》。

2. 其他协定

中国与阿塞拜疆建交以来，两国经贸合作逐步展开。但由于两国相距较远、交通不便、阿塞拜疆经济困难等原因，中国与阿塞拜疆经贸合作水平较低。1993 年 3 月 11—16 日，阿塞拜疆对外经济联络部部长卡拉耶夫率政府经贸代表团访华。双方签署了两国政府经济贸易协定，中国向阿塞拜疆提供商品政府贷款协定。1994 年 5 月 21—24 日，阿塞拜疆财政部副部长米尔扎梅夫访华，双方签署了中国向阿塞拜疆提供 6 000 万元人民币政府商品贷款的协议。1998 年 6 月 14 日，外经贸部部长助理杨文生率中国政府经贸代表团访问阿塞拜疆，双方签署了将中国于 1994 年向阿塞拜疆提供的 6 000 万元人民币政府商品贷款改为优惠贷款的框架协议。1997 年中国与阿塞拜疆贸易额为 1 566 万美元；1998 年仅为 131 万美元，其中我出口 115 万美元，进口 16 万美元。我主要出口商品为纺织品、鞋类、玩具和机电产品，主要进口商品为原棉。

九、有关农业生产、收储、加工、流通的其他鼓励或限制政策

【进口商品检验】国家标准、计量和专利署负责进口商品的检验工作。要求进口商品，特别是进口食品包装上必须印有阿塞拜疆文的品质和使用说明。

【动物检疫】农业部下属的国家兽医局是阿塞拜疆进口动物产品检疫的主管机构，在各海关均设有检疫点，进口鲜活动物产品入境时须出示有关检疫合格证并接受检查。

【植物检疫】农业部下属的国家植物保护和检疫局是阿塞拜疆政府主管植物检疫的部门。进口的植物及植物性产品须在入境时接受该部门工作人员的检查并出示植物检疫证书。

澳大利亚

一、投资者国民待遇

澳大利亚对中国实行国民待遇。1988 年中澳双方签订《中华人民共和国政府与澳大利亚政府相互鼓励和保护投资协定》，其中第三条“投资待遇”指出缔约一方应始终做到：①保证其领土内的投资和与投资有关的活动得到公正和公平的待遇；②对其领土内的投资和与投资有关的活动提供保护与保障，并在不损害其法律的条件下，不应以不合理或歧视性措施损害对投资的管理、维护、使用、享有和处置；③在其领土内，给予投资和投资有关活动的待遇，应不低于给予任何第三国国民的投资和投资有关活动的待遇，但缔约一方无义务因下述情况所产生的待遇、特惠或特权给予投资或投资有关活动：①缔约一方参加的任何关税同盟、经济联盟、自由贸易区或区域性经济一体化的协定；②和第三国签订的避免双重税收协定的规定。

二、土地政策

1. 土地资源及土地价格

农业资源：澳大利亚位于南太平洋和印度洋之间，由澳大利亚大陆和塔斯马尼亚等岛屿组成，大陆面积 769 万平方公里，是地球上最大的岛屿，也是最小和最平坦的陆地。水资源总量少，除了南极洲以外，澳大利亚是世界上最干燥的大陆，平均降水量为 465 毫米，年降水量变化大，且分布不均匀，主要集中在冬春之间。降水量年际之间变化也很大，有连续丰水年和枯水年的记录，枯水表现尤为强烈。不均匀的降水时空分布，决定了澳大利亚必须通过建设水利工程来保障经济社会发展对水资源的需求。昆士兰西部有一自流井区，面积达到 175 万平方公里，是世界上最大的自流井区，但井水盐分太高，不宜灌溉农田。

澳大利亚大陆有 1/3 地区不适于发展农牧业，但农用地面积相当可观，北部有广阔的平原和雨林，东南部有雪原，中部有沙漠，而东部、东南和西南部却有肥沃的耕地。农用地的 90%以上是天然草场，达 4.4 亿公顷；耕地面积只有 4 876 万公顷，其中灌溉面积占其中的 4%。澳大利亚拥有一些灌溉良好的肥沃土地，这些适合农牧业的土地资源得到了充分有效的利用。在一些干旱地区也可以放牧牛羊，但是必须精心保护土壤。当澳大利亚降水量周期比较长时，就会出现干旱，一些牧场会变成沙漠。

澳大利亚的主要粮油作物有小麦、大麦、高粱、水稻、棉花、向日葵、油菜、花生等。重要经济作物包括甘蔗、蔬菜、马铃薯、柑橘、苹果、菠萝、香蕉、梨、澳洲坚果、欧洲板栗、长山核桃等，生产 120 多种热带及亚热带园艺产品。森林覆盖率为 20%，天然森林面积约 1.55 亿公顷（2/3 为桉树），用材林面积约 122 万公顷。牧业发达，畜牧业产品的生产和出口在国民经济中占有重要位置，是世界上最大的羊毛和牛肉出口国。渔业资源丰富，捕鱼区面积比国土面积还多 16%，是世界上第三大捕鱼区；最主要的水产品有对虾、龙虾、鲍鱼、金枪鱼、扇贝、蚝、牡蛎等。

土地价格：据相关资料显示，20 世纪 80 年代，澳大利亚有家庭农场 8 万多个，目前已经减少到了 5.3 万个，每个家庭农场平均养羊 2 500 只左右，拥有耕地和草地 400～1 000 公顷。影响农场价格的因素很多，土地、水源、交通、附属设施、已有作物等。在相关法规政策允许的情况下，50 万澳元可以买到 8～10 公顷的土地，可耕作面积大约 7～9 公顷，包括住房和诸多附属设施，比如灌溉管道、积蓄雨水的水坝、储水的水塔等。

房屋租金及价格：由于澳大利亚物业及建筑成本较低，其不动产的价格具有很强的竞争力，工业用地、商业办公用房、公寓住房的购买价格在整个亚太地区是较低的。2006 年以澳大利亚物价水平相对较高的悉尼为例，工业用房购买价格为每平方米 1 511 澳元，同期香港和新加坡分别为 2 766 澳元和 6 045 澳元；商业中心地区（CBD）办公用房的购买价格为每平方米 10 593 澳元，香港和新加坡分别为 20 608 澳元和 17 129 澳元；公寓住房的购买价格为每平方米 13 250 澳元，香港和新加坡则分别为 22 767 澳元和 15 209 澳元。2008 年 7 月，各大城市房屋价格为：悉尼办公用房每平方米 3 100～3 700 澳元，购物中心每平方米 1 288～1 800 澳元；墨尔本办公用房 2 960～3 720 澳元，购物中心每平方米 1 080～1 530 澳元；铂斯办公用房 3 150～4 300 澳元，购物中心每平方米 1 650～2 350 澳元。2010 年第一季度，悉尼中位房价 60.93 万澳元/套，墨尔本 55 万、堪培拉 54.9 万、铂斯 52 万、达尔文 57.6 万。

2. 土地投资政策

按照澳大利亚土地法，当地的土地分为国有土地（也称为王室土地）和私有土地两类，其中，各种类型的国有土地约占 87%，私有土地占 13%。国有土地分为三类，第一类是用于公共用途的保留地，第二类是尚未被占用的国有土地，第三类是通过出租或颁发许可证方式交给私人使用的土地。目前，澳大利亚国有的农业用地基本上都已授权给私人使用。如果政府需要使用私有土地或者已授权给私人使用的国有土地，将要依法进行土地征收。

澳大利亚政府规定，任何企业和个人都可通过拍卖形式购买政府土地或私人土地。购买土地必须是自有资金或者合伙，不能贷款。土地出售以后，政府收取地价税和服务费。外国投资者可以依法获得澳大利亚的土地所有权，但是在开发期限上有一定规定。在

2008 年以前，澳大利亚政府规定，外资可以购买闲置商用和民用土地，但必须在获得购买批准后的 12 个月内在所购土地上开始连续的实质性建设活动。自 2009 年开始，为增强外资投资政策的竞争力，吸引更多的外商对澳大利亚广大闲置土地进行有效的开发，并防止投资者进行土地囤积和投机行为，澳大利亚政府把外国投资者开发澳大利亚闲置商用土地的期限从 12 个月延长至 5 年。虽然延长了开发期限，但要求投资者最少支付购买成本或土地价格的 50%，用于开发建设。

三、税收政策

1. 税收制度和主要税率

税收制度：澳大利亚的税法属于联邦法，由联邦政府财政部负责执行，澳大利亚税务局为征税机构。澳大利亚是一个实行分税制的国家，分为中央税收和地方税收收入，联邦政府主要征收的税包括：个人所得税、公司所得税、销售税、福利保险税、关税、消费税、银行账户借方税、培养保证金等；州政府主要征收的税目有：工资税、印花税、金融机构税、土地税、债务税及某些商业买卖的交易税等。澳大利亚的主体税种为直接税。

主要税率：

【公司所得税】在澳大利亚成立的公司应依法就其所有来源的所得纳税，不论其所得来自于澳大利亚境内或境外。一般而言，公司所得税是依其净所得来征收。除营业所得外，公司买卖资产所得利润也应纳税。公司还需缴纳资本增值税和职工福利税。公司所得税适用于同一个比例，现在的税率为 30%，适用于所有公司。公司亏损当年抵减不足时，可从公司未来的所得中抵减。

【个人所得税】根据澳大利亚税法，居民应就其在澳大利亚境内取得的全部应税所得承担个人所得税纳税义务，非居民则仅就其来源于澳大利亚的所得在澳大利亚承担个人所得税纳税义务。任何超过免税额的收入都要报税。征税时采用分级累进税率，政府将根据经济发展和纳税人收入的情况不断对各级别税率的起征点和税率进行调整。表1是2009/2010年个人所得税税率表。

表1　2009/2010个人所得税税率

年应税收入（澳元）	最高应税额（澳元）	税率（%）
0～6 000	0	0
6 000～35 000	4 350	15
35 000～80 000	17 850	30
80 000～180 000	55 850	38
180 000以上	—	45

【商品服务税（消费税）】商品消费税（GST）是一种间接税，与其他国家征收的增值税类似。澳大利亚的商品服务税于2000年7月1日起开始征收，税率为10%。几乎在每个生产和经销阶段，只要有供货或提供服务时都要征收GST。在税务部门注册过的供货商和服务机构，他们购买物品或服务时所付的GST可与其供货或提供服务给客户时所征的GST相抵消。澳大利亚税务局负责国内流通环节中GST的征收，进口商品GST的计算、征收和管理则由海关负责。进口商在缴纳进口税的同时也需要交纳10%的GST，在特殊免税条款之列的进口商品除外。

【印花税】印花税属于州税，凡贷款抵押、证券买卖、不动产买卖等均应缴纳印花税。澳大利亚每个州和地区都征收印花税，通常是按照价值对财产转让征税，也对一些特定的交易行为征税，如保险、租赁等，每个州的规定有所不同。

【矿产资源租赁税】2012年7月1日起，澳大利亚政府开始向年利润超过7 500万澳元的煤和铁矿石企业征收矿产资源租赁税。该税种是对矿企在对应纳税资源进行开采后、未进行任何大规模加工及增值前所产生的经济租金征税。矿产资源租赁税根据矿企从开采项目权益中获得的开采利润减去开采津贴，再乘以税率得出的。为反映矿企采矿技术的开采因素，该税种在正常30%税率基础上提供25%的减免，这项优惠是承认采矿过程创造的价值及专业技术对矿业利润的贡献，即30%×25%=7.5%，则实际征收税率为22.5%。大约有320家澳大利亚本地矿产企业进入征税范围。

【碳税】2011年2月，澳大利亚总理吉拉德正式宣布，将于2012年7月开始引进碳价，并将推行3～5年的时间，然后再逐步过渡至实行碳排放权交易制度。碳税是针对温室气体（尤其是二氧化碳）排放征收的税。吉拉德7月10日在堪培拉召开新闻发布会，宣布澳大利亚政府将对碳排放征税，价格为每吨23澳元（约合24.70美元），从2012年7月1日正式开始征收。吉拉德说，科学研究证实气候正在发生变化，尾气排放和人类活动都对其产生影响。澳大利亚的山火和洪灾，以及大堡礁的自然保护问题都需要积极应对。因此，政府决定向碳排放征税，以减少污染。她说，政府计划的征收范围大约包括500家大型公司，但是暂时不对汽油征税。吉拉德还宣布，政府将对澳大利亚家庭用户和商家给予一定补偿。比如，将拨款92亿澳元（98.84亿美元）支持就业和工业；拨款150亿澳元（161亿美元）用于补偿家庭额外开支。此外，政府还计划拨款用于清洁能源开发研究。不过，此举遭到反对党激烈抵制。一些反对党人士指出，在全球尚未就此达成一致的情况下，澳大利亚单方面实行碳税制度将牺牲本国竞争力。

【洪灾税】2011年3月22日，联邦政府提出的总值18亿元的洪灾税提案正式通过了参院表决。该法案经总督批准后于2012年7月1日正式实施，实施期限为1年。根据该法案，年收入高于5万元的澳洲人需缴纳洪灾税。年收入6万元者每周多交1澳元。低收入者将免于缴纳洪灾税。在天灾中受害的民众，即2010—2011财年因洪灾而领取政府紧急赈灾补助者，也被豁免。未投保或者未设立自己的赈灾基金的州/领地将实施削减财政拨款的惩罚。

2. 关税政策

关税政策：澳大利亚于1995年世界贸易组织正式成立时即加入世界贸易组织。澳大利亚关税政策由海关负责制定和执行，有关关税政策的主要法律有《海关法》、《1995年海关关税法》、《消费关税法》、《消费税法》和《新税收制度（商品服务税）法》及相关的法案和条例。进口关税税率列于《1995年海关关税法》中，联邦政府根据情况变化随时对税率进行修改。进口关税税率包括一般关税税率和特别关税税率。特别税率适用于南太平洋论坛各岛国、最不发达国家和东帝汶以及发展中国家和地区。中国享受发展中国家的优惠关税。为了支持出口，澳大利亚政府通过海关对进口产品再出口实施出口退税政策。澳大利亚总体关税水平较低，税率一般在0～5％。澳大利亚有近50％的产品为零关税。

农产品关税：2011年度，澳大利亚最惠国关税简单平均税率为2.8％，其中农产品最惠国关税简单平均税率为1.4％，非农产品最惠国关税简单平均税率为3.1％。澳大利亚的绝大部分进口产品适用从价税，只有奶酪、生物柴油、果汁、饮料、酒类、烟草、石油和部分化学产品适用从量税。

3. 投资税收优惠政策

【关税优惠政策】澳大利亚政府实行商品关税减让制度，为了支持当地的企业，通过海关实施关税减让的措施。该制度规定，进口商只要能证明在申请当天之前澳大利亚不能生产拟进口产品的替代品，就有可能获得免税许可。

【农业税收优惠政策】对农牧业投资的优惠政策主要体现在批发销售税的减免上，该税种是对除食品和大部分衣服以外的产品向批发商征收的一种税。

（1）对用于农牧业初级生产的投入免征批发销售税。具体项目包括：第一，直接用于农业生产的商品，如筑栏工具、筑栏材料、灌溉设备、羊毛包装材料、散装谷物的手工设备、化肥、某些四吨机动车、摩托车等。第二，专用或主要用于特殊目的的商品，如收割机、农具、喷雾器、拖拉机。这些免税项目只适用于向澳大利亚税务局登记免税的人，并且规定这些商品主要用于农牧业生产。没有向澳大利亚税务局登记免征批发销售税的农场主，在支付销售税的商品使用后，可以要求税务局减免批发销售税。

（2）用于农牧业生产辅助活动的商品给予免税。如用于修理和维修的商品，用于定购农牧业设备的订货簿等。

（3）用于维持辅助生产的商品也给予免税。如用于带动农牧业机械或修理设备的发电机。

（4）所有农牧业产品的销售免征批发销售税。

【特别关税区、保税区】考虑到与大城市隔离而导致商业和生活成本增加等因素，澳大利亚税收制度允许对边缘地区的居民和雇主给予一定程度的税收减让。其中包括附加利益税减让和所得税减让。这些税收减让措施适用于符合条件的外国和当地居民（根据澳大利亚税法规定，边远地区是指距离具有 1.4 万居民的人口中心至少 40 公里远，或离具有 13 万居民的人口中心至少 100 公里远的地区）。

四、投资政策

1. 投资主管部门及相关法规

投资主管部门：澳大利亚贸易委员会（Austrade）是澳大利亚政府的官方贸易及投资促进机构，是处理外交事务和贸易的法定机构。澳大利亚贸易委员会的宗旨是帮助澳大利亚出口商将他们的产品和服务带入国外市场，并促进双向投资。澳大利亚贸易委员会受由商业部门和政府部门组成的委员会领导，并向贸易部长汇报工作。澳大利亚贸易委员会帮助中国的进口商、代理商及经销商寻找有关澳大利亚产品和服务的最新信息，比如农业、汽车制造业、建筑材料、环境、食品及食品加工、信息技术及通讯、基础设施、采矿及能源以及服务业。

澳大利亚与投资相关的其他主要官方机构有海关、农林渔业部、竞争和消费者委员会等。澳大利亚海关负责进出口货物监管、进出口业务统计、反倾销调查等。

澳大利亚农林渔业部负责决定是否允许外国动植物产品的准入，并负责检验检疫，其下属的生物安全局负责对外国动植物产品准入进行风险分析并提出政策建议。检验检疫局负责进出口产品的检验检疫政策和措施的执行。

澳大利亚竞争和消费者委员会负责促进市场竞争、公平贸易和消费者保护。

投资法律法规：澳大利亚与投资相关的法律有《商业行为法》、联邦《公司法》、公司破产相关法律制度、外资并购的法律规定以及知识产权方面的法规。

《商业行为法》：内容丰富，涉及经济生活的各个方面，共有12章173条，包括：竞争与消费者委员会、行业准入、限制竞争的行为、消费者保护、执行与救济、限制竞争行为的申报与豁免、限制转售价格、复议、国际货物运输、过渡期内的规定等内容。该法集反垄断法、反不正当竞争法、消费者权益保护法于一身，形成了澳大利亚特有的竞争法模式。澳大利亚竞争执法机构即竞争与消费者委员会认为，该国竞争法模式的特点是：在反垄断方面，以全面禁止各种限制竞争行为为基础，辅之以适当的公共利益豁免；在反不正当竞争和消费者保护方面，全面禁止误导消费者和欺诈等行为。自1974年以来，通过修正案和其他立法对《商业行为法》进行了37次修改，最新一次修订是2001年7月26日，但其法律结构和内容没有根本性变化，仍然是澳大利亚竞争法体系的主干。

联邦《公司法》：根据澳大利亚联邦宪法，联邦一级对公司没有完全的立法权，公司立法主要由各州自行起草颁布。但是由于各州法律存在冲突，为了协调各州法的矛盾，从1990年开始，公司立法转由联邦负责，并颁布了统一的联邦《公司法》。澳大利亚《公司法》（Corporations Act 2001）的主要内容包括公司的设立、管理，证券、期货业的管理，其中特别规定了澳大利亚证券与投资委员会（ASIC）的法律地位、权利和义务，ASIC是依据《澳大利亚证券与投资委员会法案2001》（Australian Securities and Investment Commission Act 2001）设立的联邦监管机构，负责《公司法》的实施和行政监督，ASIC不仅负责监督上市公司，还监督不上市的股份公司，有股票发行以及股份公司收购兼并的审核权和对有关当事人的处罚权（没收股票、罚款）。该法还规定了澳大利亚证券交易所的（ASX）的法律地位、权利和义务，ASX依据其上市规则对上市公司予以监管。此外，澳大利亚还有《公司条例》，主要是规定法律体系的衔接、补充《公司法》未尽事项，规定具体操作事宜，附有各类申请表格、报告格式（包括公司和股东的信息披露格式与内容）。ASIC还定期公布各类政策说明（Policies Statements）、操作指引（ASIC Practice Notes）和法律解释等文件，使各类市场操作行为均有具体的书面规则可循。

公司破产法律制度：澳大利亚破产法在立法原则上采取折中主义，即法人与自然人分别适用不同破产程序的立法模式，且以两部法律分别表现出来。澳大利亚是一个联邦制国家，但自然人破产法却是全国统一的，且采取成文法的形式。现行的自然人破产法由联邦议会1966年《破产法》（Bankruptcy Act 1966），《破产实施细则》（Bankruptcy Rules），1991年的《破产法修正案》（Bankruptcy Amendment Act 1991）及一些相关的判例组成。法人破产制度的规定在联邦《公司法》中。澳大利亚早在殖民地时期就引入了英国的破产和无力偿债法律制度，因此当澳大利亚正式建立联邦时，各州都已有了自己的破产和无力偿债法。公司破产法律制度的内容主要包括破产案件情况、破产法律的适用范围、破产认定、破产程序、破产财产清偿顺序和破产专业人员等说明。

外资并购的法律规定：澳大利亚没有一部统一的关于外国直接投资的法案，对于外国直接投资的规范，主要是由1975年制定的《外国人收购和接管法》（FATA）、《公司法》等法律及政府的有关政策来管理。澳大利亚有关上市公司收购合并的法规主要有《公司法》、《外资收购合并法案 1975》、《商业行为法 1974》、澳大利亚证券交易所的《上市规则》及《公司法律经济改革计划 1999》（Corporate Law Economic Reform Program，CLERP 1999）。其他与外国直接投资相关的法律还有：限制外资进入澳大利亚银行业的《银行法》、《金融业控股法》及澳大利亚审慎金融监管局（APRA：Australian Prudential Regulation Authority）的有关规定；限制外资进入澳大利亚广播服务业的《广播服务法》；另外还有《机场法》、《海运登记法》等。

知识产权方面的法规：澳大利亚联邦立法规定，对商标、版权、专利和工业设计等知识产权实行登记和保护，按照《公司法》和州《商业名录法》管辖公司名字和商号的注册。有关版权、商标、专利、工业设计和商业名录的法律是相当复杂的。拟在澳大利亚生产、销售或使用一个特定的名字、标号、产品或设计，应事先寻求专业咨询。《商标法》规定，如果商品的商标与在澳大利亚的注册商标一样或相似，则该商品有可能被定为禁止进口的商品，只有当注册商标的持有者向海关提出反对进口的意见并提交了保证金后，澳大利亚海关才会对有关的商品进行调查；文学作品的原著和其他作品的原著或其他版权物品（如艺术品、声像制品和软件）的所有权，享受1968 年《版权法》所提供的权益、保护和权益受损时的补偿；1952 年《专利法》授予一个标准专利的专利所有人有从专利生效之日起为期 16 年的对专利的独家制造、使用和买卖权；产品的设计特点，如形状、形式和装饰等，在某些情况下，按照 1961 年《图案设计法》作为“设计”注册以后，可获得保护；根据《公司法》，任何开展业务的公司都必须在 ASIC 注册其名字，同时按照州《商业名称法》的有关规定，任何公司或个人以非其本名的名字做生意，该名必须在有关当局注册。

2. 投资行业规定

根据澳大利亚 FATA 法案的规定，投资在房地产、金融、保险、航空、媒体、电信、机场等敏感行业的外资项目需要进行申报和审批，澳大利亚政府对投入到这些敏感行业的外资项目设定了限制措施。澳大利亚《所得税法》中包括一系列反避税法律条文，以及为一些特殊行业中的特殊行为制定的反避税法规。

3. 投资方式及出资额度限制

澳大利亚2001年颁布的《公司法》规定了下列4种公司类型：股份有限公司、有限保证责任公司、无限公司和无责任公司（仅在矿业公司中建立）。澳大利亚政府补助的外国公司可以是上述任何类型的公司。最常见的公司类型是股份有限公司，它既可以是控股公司也可以是上市公司。其中控股公司更为常见，它的优势在于更容易管理。除某些特殊公司之外，股份有限公司的名称中必须包含“有限”的字样。而控股公司的名称也必须包括“控股”的字样。澳大利亚《公司法》对控股公司与上市公司的设立和营业规定了若干最低要求。设立的公司必须在澳大利亚注册一个办公机构。除了设立新公司之外，投资者还可以通过收购其他公司的方式来拥有一家公司。被收购的公司往往是刚设立不久的。外商在澳大利亚主要的企业模式包括子公司、分公司、合伙公司、合资公司和个人独立经营。对外商投资没有出资额度及出资比例的限制。

4. 外资企业的利润及汇出限制

澳大利亚外资企业可以将投资获得利润自由汇出。非居民可以自由地开立或使用账户，资金可以自由地汇回本国。进入外汇市场，可以开设外汇户，但在澳大利亚买卖外汇必须由指定的外汇经纪人办理。对外国政府和金融机构的有息投资项目有特殊的规定。

五、融资政策

1. 外汇管理

澳元是澳大利亚联邦的法定货币，由澳大利亚储备银行负责发行，目前澳大利亚流通的有5、10、20、50、100元面额的纸币，另有1、2、5、10、20、50分铸币，其进位是1澳元等于100分(Cents)。就外汇交易来说，澳大利亚当局不进行限制，即期和远期外汇汇率由外汇市场供求状况决定，但澳大利亚储备银行保留对外汇市场干预的权力。澳元没有官方汇率，澳大利亚储备银行基于每日下午 4 点的市场观测公布对澳元指示汇率。澳大利亚对外汇交易既不征税也不补贴。指定的外汇经纪人可以在他们之间、或他们与客户之间协商汇价，办理任何货币的即期和远期外汇交易。储备银行对每个外汇经纪人的隔夜缺口外汇风险都确定了一个额度。

澳大利亚储备银行负责执行澳大利亚现行汇率安排下的外汇管理（大多数的外汇管制已于 1983 年 12 月 12 日被废止）。对外支付可以用澳元或任何外国货币结算，人民币与当地货币能直接结算。根据澳大利亚《1988 年金融交易申报法》（Financial Transaction Reports Act 1988），任何人带入或带出澳大利亚超过 1 万澳元现钞或等值外国货币时必须申报。如未申报，一经查获，将出庭受审并被判处罚金。

2. 银行机构

银行体系：澳大利亚的银行业在金融体制中占主导地位。与美国相比，银行业在澳大利亚的金融体制中发挥更大的作用，5 大主要银行（联邦银行、国民银行、澳新银行、西太银行、圣乔治银行）占澳大利亚全部存款资产的 66%。澳大利亚还有 7 家小一点的当地银行，37 家外国银行的分公司或子公司（主要经营公司和投资业务），14 家建筑筹款委员会和 171 家信用合作社。

中资银行：中国银行悉尼分行是中国驻悉尼的主要中资机构，1985 年 12 月 16 日，中国银行在澳大利亚正式复业。目前分行除本部外，还下设中国城分行（681 George St Haymarket NSW 2000 Tel：02-9212 3877）、墨尔本分行（270 Queen St VIC 3000 Tel：03-9602 3655）、巴市办事处（Shop2104 Westfield Shoppingtown Parramatta NSW 2150 Tel：02-9893 8833），办理存款、汇款、贷款和国际结算、外汇买卖等全方位银行业务。

3. 融资条件

在澳大利亚，公司通过贷款，发行股票、债券或者其他证券的方式进行融资是受到《公司法》管制的。总的原则是，除非公司控股人向 ASIC 提交符合《公司法》规定的公开文件（通常是正式的募股说明书），否则不能发行或者买卖公司证券。这一原则适用于澳大利亚境内的所有募股活动，无论募股人国籍如何，也无论股票或债券的发行、交易或者转让行为在哪国发生。

但是这一原则也有若干例外，其中包括：

在不考虑其他例外的情况下，债券销售或发行的对象不超过 20 人的小型融资（包括各种个人融资行为），必须在 12 个月内完成，并且融资总量不能超过 200 万美元。

投资者受让债券的最小应付金额是 50 万美元；投资者受让的同一类型债券的应付金额总值至少是 50 万美元（其中每一笔的贷款不计算在内）；合格会计师证明，债券出让人或者在过去的半年里的净资产额至少达到 250 万美元，或者在过去两年内每年的总收入达到 25 万美元。

如果债券受让人是持证交易商，该受让人必须有充分的理由相信证券出让人有丰富的投资经验，并且需要由出让人签署必要的授权文件。

债券受让人是某机构投资者（例如持证交易商或特殊交易商、投资顾问、人寿保险公司、退休基金或者控制至少 1 000 万证券投资基金的个人）除了某些有限的例外以外，澳大利亚禁止控股公司参与任何需要向 ASIC 提交公开文件的商业活动。因此，控股公司不能通过向公众发行股票或债券的方式来融资。

若满足以上条件，外资企业在澳大利亚当地获得贷款并不困难，在融资方面外资企业享受国民待遇，并没有专门的外商融资优惠或限制政策。

六、劳工政策

1. 劳动力供求状况

澳大利亚有具备多语种能力和多元文化体验最强的劳动大军。

2010 年，由于劳动力市场强劲复苏，就业人数稳步增加，全年新增就业岗位 36.4 万个。2011 年，平均失业率为 5%，职位空缺 18.1 万个，就业参与率达到 65.2%。根据有关调查，澳大利亚每 1 万名劳动人员中，从事研发（R&D）人员的数量为 64 人，低于美国的 73 人和日本的 83 人，但高于德国的 60 人。澳大利亚经济人才数量排名世界第四，熟练劳动力、IT 专业人才、金融人才和高素质的工程师以及研发人员供应能力方面也名列世界前茅。2008 年，澳大利亚有 6 家公司进入全球研发 1 000 强。

澳大利亚熟练技术工人短缺，据澳大利亚咨询工程师联合会 2006 年 4 月的分析，熟练技术工人短缺正在威胁着澳大利亚资源行业目前的繁荣。由于缺乏熟练工程人员，澳大利亚可能无法承接更多的大工程。因为员工短缺，澳大利亚有 2/3 的资源企业在拖延工程，而其他一些工程则被推掉了。体力劳动者短缺，每年的农业收获季节，在澳大利亚许多地区都需要大量的采摘人员，但却经常无法找到足够的人手。雇佣澳大利亚本地人不能解决这个问题，因为本地人不愿意来这里工作，即使他们来了，一周最多只工作一两天，根本不能满足需要。所以只好使用世界各地的劳动力。一些地区体力劳动者的最低工资标准为，采摘工人、包装和拖拉机司机每小时 14.8 澳元，或者是摘一箱 400 千克的橘子 23～25 澳元，100 桶无核小葡萄 59 澳元，100 桶西拉（Shiraz）葡萄 107 澳元。工人在澳大利亚期间，一般只得到 25%的工资，剩余的 75%将在他们返回时打入他们在本国的账户。

澳大利亚平均工资每年 50 000 澳元，工资收入（中位数）大约在 30 000～40 000 澳元。2010—2011 年全职员工周薪 1 335 澳元，其中男性 1 444 澳元，女性 1 152 澳元；2011 年全职员工最低每周薪酬 590 澳元。高级管理人员的酬薪低于美国、英国、德国、法国、新加坡以及中国香港。

2. 劳动就业规定

劳动合同期限： 为吸引海外具有高级管理才能和专业技术人才

到澳大利亚就业，便于海外商贸、企业人士来澳大利亚开展商业活动，澳大利亚移民部专门设有长期临时商务签证——457 签证，其签证持有者可以在澳大利亚从事商业活动 3 个月至 4 年，并可携带家属共同赴澳。

报酬和额外薪金：工人的薪酬条件是由 AIRC 的工人待遇协议和劳资协议共同决定的。现在人们对产业关系体系中企业签署的劳资协议都非常关注。但是，管理人员、行政人员和专业人员的薪酬由他们与企业签署的单独协议和市场需求决定。雇员的报酬历来都是货币工资，然而，职位较高的雇员一般享受除了货币工资以外，还包括其他利益的“一篮子”薪酬待遇。

最低工资是雇主支付工资的最低下限。澳大利亚企业雇主按照澳大利亚工业关系委员会和州仲裁庭规定的标准，通过与其雇员签订劳动协议书，发放最低标准的工资。各州劳动协议书的最低工资标准不一，大多数协议书列有该州协议书所涉及各不同工种的最低工资标准。

按协议书的规定，任何一天超过 8 小时的工作都须支付加班费。但加班费的多少取决于超时工作所完成的工作量。在星期天或公假日，协议书一般规定工资要增加 1 倍或 1.5 倍。

劳动时间：澳大利亚所有工商业或者政府部门雇佣的雇员每周工作时间为 35 到 40 小时，并且能够享受每年 4 周的带薪假期（每周工作 7 天的工人可以享受到 5 周的假期）、带薪长期假期和各种级别的退休保证。

辞退赔偿：在某些情况下，雇员在被解雇时除了应事先收到解雇通知或补偿性工资以外，还有权得到解雇费。这种权利可能是由协议书规定的，可能是立法规定的，也可能是在某种情况下上诉行业仲裁庭而产生的。很多情况下，雇主只有在和有关工会直接协商以后才会支付明文规定权利以外的费用。

雇主的其他义务：澳大利亚法律要求企业在管理过程中进行必要的安全管理。每个州的立法都规定有安全管理事项。还有特别立法详细规定了工厂、商店和工业的安全设施，以及有害物质或者危险货物的处理方法。

在澳大利亚，招聘或者雇佣过程中出现歧视，由反歧视立法进行调解。这些法律涵盖的范围非常广泛，包括禁止对性别、种族、残疾、年龄、家庭背景或者其他方面的歧视。在澳大利亚有两个联邦法规和许多州立法禁止就业歧视。所有各州都禁止种族和性别歧视。其他反对歧视的限制各州不一，例如在新州禁止以怀孕、婚姻状况、同性恋或生理、心理上缺陷为理由的歧视。并非所有歧视行为都是违法的，如年龄歧视并没有被禁止。

企业社会保险的缴纳：澳大利亚法律规定，各州的企业主必须为职工赔偿金投保。澳大利亚所有各州都有立法要求雇主为其雇用的因工受伤的职工利益投保。唯一的例外是，企业自身有能力提供合格的保险。各州的职工赔偿系统是为补偿职工在工作过程中受到的伤害而建立的。

3. 外籍人员工作的规定

劳资协议：在澳大利亚，雇员的工作条件由以下几个方面决定：①联邦协议书、州协议书和注册和约；②雇佣合同的具体条款；③有关就业条件的立法。澳大利亚 90％的就业是通过协议书确定的。雇用合同不能排斥协议书的条款，按照协议书就业的雇员可以从雇用合同中获得附加的利益。协议书一般对最低工作时间、加班、病假、费用及终止雇用等事项作出规定，但通常不包括有关雇主的内容。

解除工作关系：澳大利亚法律严格限制对工人的解雇，企业主在解雇职工的时候必须遵守一系列的规则。雇用双方都须受合同规定的种植就业通知期的制约。大多数协议书都要求有起码 1 周的通知期或 1 周的补偿性工资，或视聘用期的长短来规定不同的通知期。对中高层管理人员和老员工所要求的通知期可长达 3 个月甚至 1 年。相应的，雇主也会要求雇员提前发出辞职通知或要求相应的补偿。

薪酬：雇员的薪酬条件是通过工人待遇协议和劳资协议共同决

定的。而管理人员、行政人员和专业人员的薪酬可以由他们与企业签署的单独协议和市场需求所决定。雇员的薪酬一般都是货币工资，职位较高的雇员还会包括其他利益。对薪酬的规定通常包括最低工资、加班费、解雇费、退休金等。

养老金：根据澳大利亚法律，雇主必须为雇员缴纳养老金，一般来说，缴纳的最低比例为雇员工资收入的9%。也有不少企业为员工支付的养老金高于这一比例，给雇员的福利较高。

4. 工作证办理

主管部门：澳大利亚负责外籍劳务事务的政府部门是澳大利亚就业和劳资关系部（Department of Employment and Workplace Relations）和澳大利亚移民、多元文化和土著事务部（Department of Immigration and Multicultural & Indigenous Affairs）。

工作许可制度：澳大利亚移民部以就业和劳资关系部发布的全国和各州技术人员短缺最新预测报告及职业榜为依据，制定引进外籍劳务计划，审核外籍劳工，并为他们签发工作签证。按照移民部的规定，如果澳大利亚公司或海外公司在澳大利亚国内劳工市场无法招聘到所需劳动力，或者无法通过自己的培训计划获得所需劳动力，而不得不从海外雇用劳工到澳大利亚工作时，该公司可以为外籍劳工提供担保，并为外籍劳工申请临时商务签证。

申请程序：凡需在澳大利亚工作3个月至4年的外籍劳工可以申请长期临时商务签证，即457签证。办理此类签证必须履行三项手续：用人公司担保、用人公司提名和被提名人办理签证。

提供资料：充分的教育、工作经验等背景材料；身体健康状况证明；技能水平测试和英语水平测试相关证明。

七、农业保险和外商农业投资保险政策

澳大利亚有针对农业的保险政策，但其农业保险与其他国家相比有一个显著特点，即政府支持的缺失，农业保险全部由私有化的

保险公司提供，是无政府补贴的农业保险。尽管联邦政府制定有应对全国性灾害的财政措施，但这仅仅是对私人保险业务的补充。可见在澳大利亚并无所谓公益性的农业保险政策及补贴。外商在农业保险方面具有国民待遇。

澳大利亚主要有9家保险公司提供农业、林业、畜牧业和水产业等方面的保险服务。其中，5家为直保公司，4家为代理公司。代理公司代理一家或多家保险公司。保险服务中60%的业务是通过代理公司完成的。农业生产经营者可以通过保险经纪人购买保险，因为他们掌握着具有竞争力的保险公司和承保机构的保险服务；也可以通过当地保险公司的销售员购买；还可以直接从保险公司购买。

在保险范围方面，澳大利亚的保险公司为其客户提供丰富的产品。比如，昆士兰联保公司（QBE Insurance Group）提供的农场人身一揽子保险（Farm Pack Persona l）、农场业务一揽子保险（Farm Pack Business）和小农场保险（Sma ll Farm）等农业保险业务，内容涵盖家庭财产、人身意外和疾病、农业生产资料等各个方面。再如，澳洲保险集团（Insurance Australia Group）提供的可供客户选择的农场选择保险（Farm Insurance Cover Options），为不同产业制定了不同的保险方案，设置了11个不同的业务选项，使客户具有非常广泛的选择余地。

在保险的险种上，澳大利亚所有的保险公司都提供涵盖地震、火灾、闪电、暴雨、冰雹、风暴等方面的保险业务，但一般会将海洋运动、风暴潮、地陷、山体滑坡等排除在外。

由于澳大利亚农业在其国民生产总值中的比例较低，该产业的就业人数也仅占总劳动力的一小部分，加上其融资也不需要以农业保险为条件，因此其2009年农业保险的保费收入仅为1.44亿美元，在该国总保费收入622亿美元、世界排名第12的保险总体规模上，显得有点微不足道。

澳大利亚并没有专门针对外商农业投资风险的保险政策，外商可以同等进入当地农业保险市场。

八、我国已经与合作国所签署的双边投资保护协定

1. 双边投资保护协定

1988年7月，中国与澳大利亚两国政府签署了《相互鼓励和保护投资协定》。

2. 其他协定

1985年11月，中国与澳大利亚两国政府签署了《避免双重征税协定》。

1999年9月，江泽民主席访澳大利亚期间，双方签署了《中华人民共和国发展计划委员会与澳大利亚工业、科学和资源部关于在矿业和能源领域贸易与投资合作的谅解备忘录》、《中华人民共和国国土资源部和澳大利亚工业、科学和资源部关于在矿业领域合作的谅解备忘录》、《中华人民共和国和澳大利亚领事协定》、《中华人民共和国政府和澳大利亚政府关于澳大利亚继续在中华人民共和国澳门特别行政区执行领事职务的协定》和《中华人民共和国政府和澳大利亚政府关于打击犯罪的合作谅解备忘录》5个合作文件。

1999年10月，中国与澳大利亚双方签署《关于在信息产业领域合作谅解备忘录》。

2001年4月，中国与澳大利亚双方签署《中澳运输合作谅解备忘录》。

2003年10月，胡锦涛主席访问澳大利亚期间，双方签署了《中澳贸易与经济框架协议》、《中澳关于相互承认高等教育文凭和学位证书的协议》、《中国科技部与澳大利亚食品标准局关于食品安全科技合作协议》、《中澳卫生合作执行协议》、《中国国家质检总局与澳大利亚农林部关于澳大麦小麦输往中国的植物检疫协定书》、《中澳天然气技术伙伴关系基金管理协议》及《中国水利部与澳农业、渔业与林业部合作谅解备忘录》7份重要协议文件。

九、有关农业生产、收储、加工、流通的其他鼓励或限制政策

1. 检验检疫制度

澳大利亚有关产品检验检疫的主要法律法规有《1908 年检疫法》、《1982 年出口控制法》、《1992 年进口食品控制法》、《2000 年检疫条例》、《1998 年检疫公告》等。澳大利亚农林渔业部下属的检验检疫局及生物安全局是进口产品检验检疫工作的主管机构。所有进口澳大利亚的食品都必须符合《1992 年进口食品控制法》的有关要求，并符合《澳新食品标准法》所设定的相关标准。澳大利亚检验检疫局将进口食品按安全性程度分为三类：风险类食品、主动监督食品和抽样监督食品，采取从严格检验到抽检的不同检验措施。澳大利亚限制蛋类制品、乳类制品、非罐装肉、种子和坚果类、新鲜水果和蔬菜的进口，此类食品进口前需满足检验检疫要求并获得进口许可。

澳大利亚实行进口风险分析制度，外国动植物产品进入澳大利亚市场前，首先必须提出进口申请。由澳大利亚生物安全局决定进行快速评估或者进行进口风险分析（IRA），评估合格方准予进口。由于受 IRA 管理程序各环节限定的期限的制约，要完成一项常规的 IRA 工作一般至少需要 435 天。中国目前通过进口风险分析的产品有鸭梨、葡萄、苹果等农产品。

2. 运动营养食品法规

2012 年 6 月 18 日，澳大利亚农林渔业部（DAFF）发布 05～12 号进口食品警报，禁止进口含有 1,3 -二甲基戊胺（DMAA）等的运动营养食品。含有以下成分的产品由于不符合《澳新食品标准法典》的要求，将被禁止进口，如果已经流通，则需暂停销售。这些成分包括：①DMAA（1,3 -二甲基戊胺，也被称为甲基异己胺，二甲基戊胺或 4 -苯磺隆- 2 -氨基- 4 -甲基乙烷）；②禁用植物性治

疗药物；③禁用物质（例如 citraline 与咖啡因）；④超出允许限量的物质（例如每天食用量中 β-丙氨酸超出 1.2 克）。

3. 装载过动物的运输设备的进口条件

2012 年 12 月 11 日，澳大利亚农林渔业部（DAFF）发布第 95/2012 号行业公报《修订装载过动物的运输设备的进口条件》（95-2012-Changes to the Import Conditions for Used Animal Transport Equipment），规定装载过动物的运输设备必须在抵达澳大利亚时强制进行消毒处理，离岸处理证书将不再被接受。该公报旨在告知业界自 2013 年 1 月 1 日起将修改装载过动物的运输设备的进口条件（该条款适用于所有被使用过的动物运输设备），影响到所有活动物进口商、动物运输公司，包括仓库在内的清洁公司、医生、中间商及所有涉及活动物及相关运输设备清关的人。需要注意的是，本公报规定的这些条件并不适用于满足特定条件，如从澳大利亚出境前不离开机场的过境运输设备。但是，转运设备必须向 DAFF 通告。

白俄罗斯

一、投资者国民待遇

1. 投资者国民待遇

为了给外国投资者在白俄罗斯投资创造良好的条件，白俄罗斯认为，相互促进投资和保护投资有利于发展实业创造性，提高两国的福利，并签署了大约 60 份促进（鼓励）投资实现和保护投资的协议，其中，中国与白俄罗斯在 1994 年签署了双边投保协议。在双边投资保护协议中提供了以下担保：

国民待遇（一方向另一方投资者提供不低于同样情况下给本国投资者提供的优惠待遇）。

2. 最惠国待遇

中国与白俄罗斯在 1994 年签署了双边投保协议。在双边投资保护协议中提供了以下担保：

最惠国待遇（一方向另一方投资者提供不低于同样情况下给第三方投资者提供的优惠待遇）。

二、土地政策

1. 土地资源及土地价格

农业资源：白俄罗斯境内地形大部平坦，多属平原和盆地，半数以上地区在海拔 200 米以下。南部为辽阔的低地，中部多为平原和低丘，北部和西北部地势稍高，有部分高地和起伏的丘陵，最高点海拔 345 米。土壤以草甸灰化土为主，其次是沼泽土和沙地，土质较肥沃；水资源充足，境内多河流湖泊，共有大小河流 2 万多条，大小湖泊 1 万多个；气候温和湿润，属温带大陆性气候，年平均降水量为 500～700 毫米，雨量充足，自然条件环境良好，适宜农业生产发展。

白俄罗斯农业分为种植业和畜牧业两大生产部门，种植业主要是从事谷物、马铃薯、蔬菜以及亚麻、油菜、糖用甜菜等农作物的生产，谷类作物主要有小麦、黑麦、大麦、燕麦和玉米。经济作物主要有亚麻、糖用甜菜和油菜。其中亚麻和马铃薯是白俄罗斯享有盛誉的两大传统农作物；畜牧业以肉蛋奶等生产为主。

土地价格：外国投资者有权根据白俄罗斯共和国法律条文所规定的程序和条件购买土地产权。房地产使用土地一般都以拍卖方式转让，由国有资产管理局登记处根据地块所处位置、基础设施、交通便利等综合条件制定出起拍价后由政府进行公开拍卖。

房屋租金及价格：目前，白俄罗斯首都明斯克商品房平均售价为每平方米 1 960 美元，部分特殊人群（包括困难家庭、多子女家庭、因工伤亡、因结核病死亡家属、到农村及外地工作的年轻专业人员等）可排队购买优惠价房屋，每平方米约 600～800 美元。

2. 土地投资政策

白俄罗斯的土地所有权模式：国家享有土地所有权，而个人仅享有土地使用权。1990 年 12 月 11 日的白俄罗斯“土地法典”第 2 条规定，白俄罗斯共和国对其境内的土地为了白俄罗斯人民的利益行使占有、使用和处分的权利。每个白俄罗斯公民有权根据本法典和其他土地法规规定的条件和程序得到一个地块。根据该法典第 7 条、第 8 条规定，公民有终身占有由国家授予的土地的权利，并可把这一权利移转给继承人。集体农庄、国家农场、合作社、公共企业、机构或组织、宗教机构也只可获得对土地的长期占有，而不能获得所有权。

根据1993年1月19日颁布的"白俄罗斯国家财产的非国家化和私有化法"第2条第1款第3项的规定，白俄罗斯的土地也是私有化的客体。

根据《白俄罗斯共和国境内外国投资法》第27条外国投资者购买土地产权规定：外国投资者有权根据白俄罗斯共和国法律条文所规定的程序和条件购买土地产权。

三、税收政策

1. 税收制度和主要税率

税收制度：《白俄罗斯税收法典》于2004年1月1日生效，个别章节2008年做了修订。白俄罗斯税法与俄罗斯税法有明显不同，白俄罗斯政府对贸易调节更加严格，而缴税人权利较少。白俄罗斯有国家税和地方税两种。白俄罗斯实行的是属人税制，对白俄罗斯公民和拥有白俄罗斯永久居住权者进行全球所得征税。对于在一年中停留超过183天的外国人也实行全球所得征税，但可以通过提供在所在国完税证明来抵扣相应的税款，对于一年中停留期少于183天的外国人只征收其在白俄罗斯获得收入的个人所得税。

主要税率：

【国家税】

（1）利润税：基础税率18%。

（2）增值税：分为0%（出口）、0.5%；9.09%；10%（食品）；16.67%（商品）、20%（其余）。

（3）债券收入税：40%。

（4）国家扶持农业生产基金：销售商品和服务营业额的2%。

（5）消费税：10%～75%不等。

（6）不动产税：1%。

（7）生态税：生态税率根据纳税物不同特点单独确定，按排放量以固定数额征收，超过规定的排放量要按更高税率支付；2008年开始，垃圾清理费由垃圾场所有者支付。

（8）土地税：按地段质量和所处位置计征。

（9）海关关税和税费：按地段质量和所处位置计征。

（10）自然资源开采税：税率以自卢布形式按资源开采规律征收（钾盐和石油例外）。

（11）个人所得税：基本利率12%。

【地方税】

（1）销售税：标准税率5%，销售进口商品税率15%。

（2）服务税：针对展览、展销会、宾馆、餐厅、酒吧、移动电话服务、汽车维修、保龄球俱乐部、夜总会、美容中心等各种服务征收服务税，税率10%。

（3）运输税：全国各地不同，明斯克地区3%。

（4）燃料销售税：10%。

【其他费用】驻地在白俄罗斯的外国企业还涉及下列费用：

（1）营业税（包括租房支出）：15%。

（2）交通税（与国际海运相关的支出）：6%。

（3）其他收入：15%。

2010年3月1日，白俄罗斯第4号总统令对2007年12月20日第9号总统令（关于农业领域经营活动的有关问题）和2008年1月28日第1号总统令（关于鼓励小城镇企业生产和销售经营秩序的规定）做了修改，进一步放宽了农业领域和小城镇企业税收优惠幅度，放宽了可享受优惠待遇的企业范围，包括了外资企业。对企业作为公司注册资本投入而进口的技术设备在关税和增值税方面提供了更多的优惠），同时把享受利润税优惠的期限由5年延长到7年。

2. 关税政策

关税政策：

【管理职责】白俄罗斯海关委员会成立于1991年，1998年通过的《白俄罗斯共和国海关法》和《白俄罗斯海关税则法》是其海关管理的法律依据。白俄罗斯海关委员会负责指导、协调和监管海关的活动，下设18个海关办公室，管辖领地内的海关，海关办公室下设200个海关关口，其中51个点设在边境，负责查验商品和运输车辆通过白俄罗斯边境等事务。

【关税税率】现行海关税率从2001年起实行，根据商品种类和原产地确定不同的税率。根据商品价值，进口关税从0～30%不等。实际操作中共有5种税率：5%、10%、15%、20%和25%。根据外贸商品类别分为97大项。进口国也根据进口税率的不同分为3大类（表1）。

表1　白俄罗斯进口税率分类

国家分类	关　税
优惠国	最基本的税率
自由贸易协定缔约国	免征进口关税
无优惠贸易国	按基本税率的2倍征收

【进口增值税】增值税一般对进口商品征收，根据报关价加上海关手续费或者消费税。增值税率的多少要依进口商品的种类确定。标准税率为18%或者10%和0%。白俄公司进口的高科技设备作为固定资产投资的可免征增值税。限制出口的商品，如动力材料、海产品等出口到欧亚共同体的，征收出口关税。

【关税同盟】自2010年1月1日起，白俄罗斯采用关税同盟统一关税。从2010年7月1日起，关税同盟的海关法典正式生效。从2011年7月1日起，俄罗斯、白俄罗斯、哈萨克斯坦三国建立统一海关空间，内部完全取消关税。

统一关税的形成考虑到了关税同盟成员国海关税率统一水平、具体进口商品规模、具体工业部门对进口海关税率的敏感度及各方的国际义务。

海关税率按递进的原则确定：进口海关税率根据对商品加工程度递增。对原料类商品征收较低税率（0～5%），对成品和高等级加工产品征收较高税率（10%～20%），这样可以优先促进关税同盟国家进口必需的原材料和部件的进口，对关税同盟国家发展加工业及装配业产生积极作用。

关税同盟成员国对药材和油漆颜料生产原料、橡胶、聚合物、制革原料、部分配套件、技术设备等其感兴趣的商品确定为低关税税率，关税同盟国家对汽车运输装备（牵引车、康拜因、货车、轿车、公共汽车）、机床设备、电动机等规定了较高的保护性关税水平。

3. 投资税收优惠政策

除白俄罗斯参与签订的国际协定中另行规定以外，外资企业及外国投资者依据税法和海关法规定的各种优惠措施纳税。

【利润税优惠】 白俄罗斯有关法律规定外资企业与白俄罗斯本国企业所交税种相同，只在利润税方面有一定优惠，即：外资占30%以上的合资企业以及独资企业自获利之时起 3 年内免征利润税（贸易型外资企业除外）；如该企业生产的产品极为重要，则在上述 3 年优惠期后再减半征收利润税 3 年。如果外资企业在注册之日起，第 1 年内法定资金到位 50%，第 2 年才 100%到位，就可以获得利润税优惠权，如未达到上述要求，则利润税全额缴纳，不享受优惠且以后也不享受。在其他税种上外资企业与白俄罗斯本国企业均按同等税率缴纳税金。

【扩大自由经济区的优惠范围】 允许区内企业自注册之日起 7 年内免缴不动产税、汽车购置税及企业建设储备金，保证自由经济区产品享受 3 年优惠税收政策，为区内企业提供租金优惠的土地，为投资项目提供土地及优惠征税，同时取消了区内企业只能将其税后外汇利润 70%汇出的规定，允许自由全额汇出。此外，自由经济区管委会有权自主批准投资项目金额超过 100 万欧元的法人和个体经营者在经济特区注册。

【促进区域发展的优惠政策】 进一步促进小城镇和农村经济发

展。对向白俄罗斯5万人口以下的小城镇投资的企业给予更多优惠：作为注册资本投入的设备进口时免缴海关关税和增值税；生产型企业自2008年4月1日起5年内免缴利润税（从2010年起延长到7年），并且不承担外汇收入的强制性兑换义务，其产品价格也将免受政府干预，由生产企业自主定价。购买农业亏损企业的投资者，3年内免缴国家支持农业生产基金，2008—2012年免缴利润税和不动产税，作为注册资本投入的技术设备进口时免缴海关关税和增值税。

【自由经济区鼓励政策】自由经济区是白俄罗斯共和国明确划分出来的白俄罗斯共和国领土的一部分，自由经济区制定了比一般地区更优惠的企业经营及其他经济活动条件的特殊法律制度。自1996年白俄罗斯共和国第一个自由经济区创建以来，白俄罗斯共和国积累了一定的自由经济区创建和发展的经验，共和国境内现有6个自由经济区，分别为布列斯特自由经济区、戈梅利—拉顿自由经济区、明斯克自由经济区、维捷布斯克自由经济区、莫吉廖夫自由经济区、格罗得诺投资自由经济区。自由经济区内企业利润税减半征收，为12%（区外企业为24%）；区内企业自产产品销售利润自宣布赢利之日起5年免征利润税；其他需交纳的税费：增值税、消费税、生态税、自然人收入税、土地税（或租赁费）、国家和社会保险费、国家税收等，区内企业总体税赋水平比区外企业低40%。

另外，2011年9月中国与白俄罗斯政府间签署了建设中国与白俄罗斯工业园区的协定，根据该协定白俄罗斯政府正在为该工业园量身制订更具优惠的税收和财政政策。

四、投资政策

1. 投资主管部门及相关法规

投资主管部门：经济部投资管理总局负责制定并实施国家投资领域政策；参与制定实施积极投资活动的办法，创造稳定经济增长的条件；制定加强同外国在投资领域合作的措施；确定国家经济需要外资的规模等。

投资法律法规： 白俄罗斯有关投资合作的主要法律包括：《投资法》、《投资修订法》、《白俄罗斯共和国自由经济区法》、《外国企业国家注册条例》等。其中，作为管理境内投资活动的主要依据，《投资法》对投资形式、国家调节投资活动的形式及措施、投资者权利保障、为刺激投资实行的税收优惠政策、投资方案评估标准、签订投资方案的程序、吸引外国贷款相关规定、鼓励高新技术投资、投资合同的规定、租赁、与外国投资者经营有关的条款、外汇收入的支配、知识产权保护、职工劳动保护和社会保险及国家对外国投资企业的监督等事项均做了规定。

2. 投资行业规定

根据白俄罗斯投资法，没有总统的特令，不允许外国投资国防和国家安全领域；禁止外国投资者生产和销售白俄罗斯卫生部清单上所列的麻醉型剧毒型物质。除此之外，无其他限制。考虑到在白俄罗斯外国投资者的资金优先性，确定以下领域为吸引直接外国投资的方向：

高科技领域（制药工业、生物与纳米技术、工业高技术、新材料、通信技术）。

在部门、国内、国际市场上具有竞争地位的生产工艺、科技、商务集成领域。

传统经济领域（化学生产、机械设备制造、电力设备、电子光学仪器、运输工具、交通和通信、建筑及建筑材料生产、农业和加工业、基础工程设施、轻工业）。

3. 投资方式及出资额度限制

白俄罗斯投资法规定，在其境内的投资活动以下列形式实施：成立法人，购置财产或财产权：具体是指法人法定基金中的份额，不动产、有价证券、知识产权项目的所有权、租赁、设备、其他基础设施。

成立外资企业：通过新注册或者购买非外资法人机构的股份，以及整体或部分地购买企业作为财产方式成立的外资企业。

4. 外资企业的利润及汇出限制

2007 年底，白俄罗斯政府采取了为了进一步改善投资环境，吸引外资力度。取消了区内企业只能将其税后利润 70%汇出的规定，允许自由全额汇出。

五、融资政策

1. 外汇管理

白俄罗斯货币为“白俄罗斯卢布”，目前面值分为 20 万、10 万、5 万、2 万、1 万、5 000、1 000、500、100、50、20、10 等 12 种，没有更小的货币单位，且只有纸币，没有硬币。

白俄罗斯货币政策由国家银行负责制定，实行一揽子货币政策，白俄罗斯卢布与多种外币挂钩，可自由兑换。外国投资企业利润税可以全额汇出。外国人个人免报关可携带不超过 3 000 美元现金（或等值货币）；携带 3 000～10 000 美元须填写报关单；携带 1 万美元以上的需有进关时申报单，证明带入了上述金额的货币。信用卡/支付卡、支票等不受限制。

自 2008 年起，可在白俄罗斯共和国境内以人民币兑换其他货币（白俄罗斯卢布、美元、欧元等）。将人民币带到白俄罗斯并在白俄罗斯银行进行兑换非常方便简单。也可在白俄罗斯银行开设人民币账户。人民币存储利率参照其他货币（美元、欧元、白俄罗斯卢布）。

2010 年以来，由于白俄罗斯外汇储备剧减，白俄罗斯国家银行实施了一系列外汇管制措施。1 月 10 日起，白俄罗斯国家银行规定禁止用外汇支付进口预付款（通过白俄罗斯银行贷款或来自非居民的借贷）。这实际上倒退到 2008 年白俄罗斯国家银行第 165 号决议。当时曾规定没有国家银行特许禁止白俄罗斯法人通过白俄罗斯银行账户对外支付进口预付款。但进口商通过非白俄罗斯居民取得的外币贷款对外支付仍保持不变。

2010 年 3 月 1 日，白俄罗斯国家银行再次采取措施，限制外汇流出，期限 1 年。该措施主要限制 5 万欧元以上金额外汇支付，用于购买国外设备。对于通过出口有外汇收入的企业、有其他外汇来源（企业注册资本、外国援助、红利或其他外国投资收入）的企业、个别情况下，通过与非白俄罗斯居民签署协议获得的贷款至少一年的，可以允许例外。如所购设备价值在 5 万欧元以下，允许白俄罗斯居民在白俄罗斯国内外汇市场购汇。

2010 年 3 月 16 日，白俄罗斯国家银行取消了对白俄罗斯和哈萨克斯坦进口预付款的支付限制。

2011 年 5 月白俄罗斯出现外汇挤兑、汇率急剧贬值现象，白俄罗斯国家银行严格了外汇管制措施，限制外汇兑换及严格汇出管理。随着白俄罗斯金融形势恢复趋稳，2012 年起逐步放宽相关管理措施。

2. 银行机构

银行体系：白俄罗斯国民银行作为中央银行，负责制定有关金融信贷政策，协助政府就宏观经济运行状况进行调控。保障白俄罗斯卢布的稳定，包括外汇的购买能力和汇率稳定。

截至 2012 年 4 月 1 日，在白俄罗斯共注册有 32 家商业银行。27 家有外国参股，外资占 50%以上的有 24 家。9 家为外国独资银行，外国银行代表处有 8 家。截至 2011 年 1 月 1 日，外资在白俄罗斯银行中的比重为 24.4%。

较大的银行有：白俄罗斯银行、白俄罗斯农工银行、普里奥尔银行、白俄罗斯工业建设银行、白俄罗斯外经银行和白俄罗斯天然气工业银行。

中资银行：白俄罗斯境内无中资银行，但中国国家开发银行在白俄罗斯有工作组且中国进出口银行和中国出口信用保险公司为我国企业提供商业担保服务。

3. 融资条件

由于白俄罗斯外汇储备较少，外债不断增加，在白俄罗斯当地银行获得贷款较难。对外国企业和中小企业贷款条件尤其严格。

六、劳工政策

1. 劳动力供求状况

截至2012年2月底，白俄罗斯总人口为946.14万人。其中，男性435.22万人，女性510.92万人；城镇人口75.8%，乡村人口24.2%；劳动力人口455.77万人，约占48.2%，失业率为0.6%。

2. 劳动就业规定

劳动合同期限：根据《劳动法》，劳资双方必须签订书面形式的劳动合同。《劳动法》也规定了合同条款中必须包含的内容。白俄罗斯政府对白俄罗斯境内的劳资关系实施政府监管。

报酬和额外薪金：白俄罗斯劳动力素质较高。近年来随着白俄罗斯建筑业发展，劳动力，特别是技术工人出现短缺。从1996年开始，白俄罗斯最低工资和实际工资每年保持稳定增长。最低工资由总理委员会决定，每年1月1日重新审定最低工资。2010年年底，鉴于白俄罗斯将举行总统大选，白俄罗斯政府多次调高最低工资水平。到2012年1月1日，最低工资为177.4万白俄罗斯卢布，约合416美元（按全年美元平均汇率4 263.47白俄罗斯卢布折算）。白俄罗斯劳动部和社会保障部门监控工资支付问题，并与工会协调，进行社会调查，对出现问题的部门给予警告。2012年4月，白俄罗斯平均工资为325.3万白俄罗斯卢布。其中金融部门从业人员工资最高，达555.3万白俄罗斯卢布，工业部门平均工资为366.2万白俄罗斯卢布，农林牧业平均工资235.1万白俄罗斯卢布，建筑业354.3万白俄罗斯卢布，宾馆饭店226.8万白俄罗斯卢布，交通通讯行业370.7万白俄罗斯卢布，科研部门419.7万白俄罗斯卢布，卫生部门284.8万白俄罗斯卢布（2012年4月美元平均汇率8 059.32白俄罗斯卢布）。2012年5月白俄罗斯总统卢卡申科在国会发表国情咨文时表示，白俄罗斯政府力争于2012年年底将月平均工资水平提高到500美元。

劳动时间：劳动法规定，职工每周标准工作时间不能超过40个小时。每周5～6个工作日，一般每天工作时间为8小时，加1小时午餐时间。夜班、周末或节假日工作另有规定。任何加班都要额外支付报酬。除法定节假日外，员工每年享受至少24天带薪假期。

辞退赔偿：白俄罗斯通过用人单位和雇员协商合同条款，明确责任和义务。如遇到用人单位提前解除合同但雇员不同意的情况，按规定还是要支付薪水直到合同失效。

雇主的其他义务：企业的社会责任是指：企业在追求利润过程中，对社会应承担的责任或对社会应尽的义务，最终实现企业的可持续发展。公司理应对其劳动者、债权人、供应商、消费者、公司所在地的居民、自然环境和资源、国家安全和社会的全面发展承担一定责任。中国企业首先要对自己的产品、设备、服务、工程等质量负责，减少污染和有害物质排放，保护环境，节约资源，维护消费者利益，施工生产过程不扰民，关心社会公益事业。

企业社会保险的缴纳：雇主需要交纳的保险费用如下（基于工资）：①社会保险3%；②国家保险（公司类型不同费率不同，代表处是0.1%）；③退休险1%。

3. 外籍人员工作的规定

外国独资或合资企业雇用外国员工的规定主要依据3个法律：1998年《关于外国劳动移民法（第169—3号）》；2002年9月16日部长会议《关于在白俄罗斯共和国居住的外国公民和无国籍者劳动和经营活动规定》；2002年12月2日白俄罗斯劳动和社会保障部《关于外国人和无国籍者、临时在白俄罗斯人员办理特别劳动许可的规定》。具体由劳动和社会保障部移民委员会负责。

白俄罗斯对外籍劳工数量有明确限制，外籍劳工只能从事与其拥有的资质相符的工作。外国人在白俄罗斯的劳动收入根据白俄罗斯法律纳税，避免双重征税事宜根据白俄罗斯签订的相关国际协定解决。1995 年 1 月 17 日中国与白俄罗斯签署了《中华人民共和国政府和白俄罗斯共和国政府关于对所得避免双重征税和防止偷漏税的协定》。外国人只能在白俄罗斯驻有关国家大使馆申请到签证后方可进入白俄罗斯。签证分为 B（过境）、C（短期签证，90 天以内）、D（长期签证，90 天以上）3 种。

外国人需要获得特别许可才能在白俄罗斯从事某种特定的工作。下列情况下无需特别许可：

（1）已获得在白俄罗斯永久居留权。

（2）根据白俄罗斯政府签署的国际协定（如俄罗斯公民）可以不按使用外国人规定执行。

（3）外国投资建立的商务机构（已注册为白俄罗斯法人）的创办人。

（4）在外国公司成立的代表处工作。

2011 年 1 月 1 日起，白俄罗斯大幅调整了需要办理就业许可的类型，削减了 16 种类型劳动，最重要的如房屋设计和建设、商业零售（酒精零售和烟草生产除外）等，增加了 1 种（使用核能和电离辐射源）。就业许可证有效期一般不少于 5 年，最长不超过 10 年。

办理就业许可要缴纳 75 万白俄罗斯卢布（约折合 90 多美元）。

4. 工作证办理

主管部门：工作许可在白俄罗斯内务部申请办理。

工作许可制度：如长期在白俄罗斯工作必须获得工作许可，否则只能按出差算，最长不超过 3 个月。

申请程序：办理赴白俄罗斯工作许可证第一步，是必须持有白俄罗斯当地公司或机构所发邀请信，到白俄罗斯驻本国大使馆申请签证，抵达白俄罗斯后须在 3 天内到所在地区警察局申报。为确定交税方式，需确定在白俄罗斯的雇主单位工作的时间及将要居留的时间等。一般由雇主负责申请工作许可。

提供资料：申请工作许可主要提供以下文件：身份证件、国内劳务输出公司的担保、在白俄罗斯当地公司的注册号码、保险、居留证明等常规文件。具体可查询网站：www. mfa. gov. by。

七、农业保险和外商农业投资保险政策

白俄罗斯保险市场从1990年开始运营。到1991年1月已建立了55个保险机构和其下属的270个分支。最大的应属BELGOSSTRAKH国家保险组织。该公司份额占保险总额的45%，加上另外7个保险大户几乎占据保险市场的70%。在有关国家义务保险中，乘客和私人建筑的保险在BELGOSSTRAKH银行独家开立。从1999年1月19日起，根据白俄罗斯第100号总统令规定，所有车辆必须投保，由保险监督委员会许可的保险公司承保。

从事保险业的有公有、私有、有限或无限责任公司等。现在白俄罗斯允许外国主体与白俄罗斯公司合作进入保险市场。现已有15个公司使用外国资金从事保险工作，主要来自德国、波兰和俄罗斯。保险公司多集中在首都明斯克。

白俄罗斯国家财政部下属的保险监督委员会负责对这些保险公司进行控制和规范。

根据世界银行（World Bank）2011年的相关资料显示，白俄罗斯国内没有国家层面的农业保险政策。

八、我国已经与合作国所签署的双边投资保护协定

1. 双边投资保护协定

1993年1月，中国和白俄罗斯签署《中华人民共和国政府和

白俄罗斯共和国政府关于鼓励和相互保护投资协定》。

1995 年 1 月，中国和白俄罗斯签署《中华人民共和国政府和白俄罗斯共和国政府关于对所得避免双重征税和防止偷漏税的协定》。

2. 其他协定

2001 年 4 月，中国和白俄罗斯签署《中华人民共和国政府和白俄罗斯共和国政府关于保护知识产权的协定》。

2005 年 12 月，中国和白俄罗斯签署《中华人民共和国政府和白俄罗斯共和国政府旅游合作协定》。

九、有关农业生产、收储、加工、流通的其他鼓励或限制政策

【强制 STB 认证】根据白俄罗斯国家法律规定，一些产品必须取得强制性 STB 证书后才允许在白俄罗斯境内销售或使用，如：家用电器、食品、纺织品、化妆品、儿童用品、照明产品、农机设备、焊接设备、消防设备、升降机、建筑产品、车辆等。

白俄罗斯进口家电的产品安全、技术参数执行 1809000 标准，原则上同其他欧洲国家一样。1996 年 12 月，原中国国家出入境检验检疫局同白俄罗斯国家标准委员会签订了两国政府间关于进出口商品相互认证的协定。

在签订了上述政府间协定之后，双方还应补充签订关于相互承认对方商品检验机构、检测方法及出具的质量证书等问题的文件。但目前双方主管部门尚未最终完成这一程序。

白俄罗斯进口的绝大部分电子产品属强制认证。在未签订上述补充文件之前，进口商须向白俄罗斯国家标准委员会提交拟从中国批量进口的商品的有关资料，并做有关检测、试验后，经批准方可进口。

【检验检疫】在俄罗斯、白俄罗斯、哈萨克斯坦三国关税同盟

框架下，为了简化繁琐的办证过程，海关联盟达成了关于在联盟境内生产和进口的商品质量标准的协议。协议规定，在海关联盟中采用统一的许可证和质量标准，取代之前每个成员国自己独立的标准。采用统一的检查，审核方式，颁发在各成员国都生效的统一证件。

【禽肉产品进口限制】 2012 年 5 月 9 日，欧盟颁布欧委会第 2012/248/EU 号决定，延长多项防止禽流感的保护性措施实施期，其中涉及中国家禽进口的第 2005/692/EC 号决议实施期延长至 2013 年 12 月 31 日。根据该项决定的有关规定，成员国应暂时禁止从中国进口鲜家禽肉、含有家禽肉的肉类制品及肉类产品、含有任何家禽部分的未煮熟宠物食品和未加工饲料、供人食用的鸟蛋、及未经处理的鸟类猎物装饰。

保加利亚

一、投资者国民待遇

1. 投资者国民待遇

保加利亚政府1991年颁布《外国投资促进法》，规定不论是外国投资还是本国投资，享受同等待遇。2007年9月，考虑到入盟后的新形势和新情况，《外国投资促进法》第7次被修改，再次强调外资企业可享受国民待遇，增加了对高科技领域、在高失业率地区投资的支持力度，提出了在制造业、可再生能源、信息产业、研发、教育以及医疗6个行业投资的外国公司将得到优惠政策的支持，同时取消了对钢铁、船舶、化纤制造行业的外商投资优惠政策。

在保加利亚投资的外国企业可申请欧盟基金，但不享受欧盟其他优惠政策。

2. 最惠国待遇

保加利亚和中国签署的“关于相互鼓励和保护投资协定”约定，保加利亚给予中国投资者的待遇和保护，不应低于其给予第三国投资者的投资及与投资有关的活动的待遇和保护，但不包括缔约另一方依照关税同盟、自由贸易区、经济联盟、有关避免双重征税协定或有关便利边境贸易协定而给予第三国投资者的投资的任何优惠待遇。

二、土地政策

1. 土地资源及土地价格

农业资源：保加利亚位于欧洲东南部，全国总面积 11.1 万平方公里，人口 764 万。北部以多瑙河为界与罗马尼亚毗邻，西部与塞尔维亚和马其顿接壤，南部与希腊和土耳其相连，东面濒临黑海。

保加利亚土壤肥沃，日照充足，风调雨顺，适合农业生产。优越的自然条件，使得保加利亚农业在历史上有过骄人的业绩。变革前，保加利亚曾是中东欧地区重要的粮食生产国和“果菜园”。20 世纪 80 年代，保加利亚粮食产量最高达到 849 万吨，人均谷物占有量为 948 千克，蔬菜、瓜类和水果为 423 千克。1989 年后，保加利亚农业实行私有化，解散农业生产合作社，将土地归还原所有者，使播种面积大幅减少，粮食、蔬菜和水果产量急剧下滑。经过近 20 年的转轨阵痛，保加利亚农业开始复苏，农产品国际贸易趋向活跃，2009 年的粮食产量达到 623.6 万吨。

保加利亚号称“玫瑰之邦”，玫瑰的品质上乘，出油率高，种植面积和产量、出口量，以及玫瑰油的产量和出口量均居世界之冠。该国有闻名世界的“玫瑰谷”，长达 130 公里，位于国家的中心地区。那里的气候温和湿润，土壤肥沃疏松，特别适宜玫瑰的种植。

在原来的“经互会”中，保加利亚历来是粮食和蔬菜瓜果的重要生产国。早在 20 世纪 70 年代末，人均的谷物占有量就接近 920 千克，进一步上升到 1986 年的 948 千克。1988 年，保加利亚的蔬菜、瓜类和水果的人均占有量达到了 423 千克。

土地价格：保加利亚土地的分散造成了土地价格的低廉（2 000 欧元/公顷），和欧盟其他国家的土地价格（1 万欧元/公顷）比起来相当低。但是小块土地所有者们因为各种复杂原因，不愿意将自己的土地联合起来集体开发，因此，在保加利亚想拼凑合并成大块土地是一件非常困难的事，需要大量的时间和艰苦的劳动。如果想通过租用很多小块土地来形成大面积土地成本会大幅提升，通常土地价格会被小块土地拥有者抬升到原来的2～3倍。

房屋租金及价格：保加利亚租一个一居室的房间在市中心的租金是300～500列弗，在市中心以外的租金是200～394.1列弗；租一个三居室的房间在市中心的租金是600～1 000列弗，在市中心以外的租金是400～610.85列弗。

保加利亚市中心的房价是1 182.3～2 000列弗/平方米，市中心以外的房价是800～1 400列弗/平方米。

2. 土地投资政策

根据保加利亚2007年3月20日签署的入盟协议，保加利亚修订了《保加利亚所有权法》、《森林法》、《保护区法》、《农业用地所有权和使用权法》等。根据修订案，欧盟成员国和欧洲经济区成员国公民（常住居民）和法律实体均可以依照入盟协议的规定，在保加利亚取得土地所有权。但下述情形中，保加利亚有权对成员国公民和法律实体取得土地所有权做出限制：①自2007年1月1日起五年内，用于第二住所的土地；②自2007年1月1日起五年内，农业、森林和林业用地。但是，上述限制不适用于希望在保加利亚安顿并长期居住的作为个体农民的居民，但其应当在保加利亚登记署进行BULSTAT（取得统计号）登记。自2007年1月1日（保加利亚加入欧盟协议生效之日）起他们可以取得农业和林业用地的土地所有权，开展农业活动。

若非欧盟或欧洲经济区成员国的国家和保加利亚签署了相关的国际条约，并经保加利亚宪法规定的条件正式认可，则该国公民（非常住居民）或实体也可以在保加利亚取得土地所有权。外国人（非居民或居民）可以通过法律继承的方式取得土地所有权。若所继承的土地是农业、森林和林业用地时，如果该外国人不满足保加利亚入盟条约或其他国际条约所规定的条件，则应当在三年内将土地的所有权转让给有权取得上述土地的个人或实体。

对于外国人取得土地的限制不适用于包含外国人的保加利亚法律实体。因此，外国法律实体或个人可以通过购买现存保加利亚公司的股份或权益，或根据保加利亚法律新设公司，从而取得土地所有权。而且，该公司可以是外国人全资所有的公司。外国法律实体或个人另一种间接取得土地所有权的方式是通过购买现有保加利亚公司的股份。而且，外国公司和个人可以购买在保加利亚已经拥有房地产权属的保加利亚公司的股份。

三、税收政策

1. 税收制度和主要税率

税收制度：从 2007 年 1 月 1 日起，保加利亚开始实施与欧盟有关立法一致的新《公司税法》（The Corporate Income Tax Act, CITA）。

主要税率：

【企业所得税】保加利亚政府在最近 4 年中 3 次大幅降低企业所得税税率。2004 年从 23.5%降到 19.5%，2005 年 1 月 1 日从 19.5%降到东欧地区最低水平 15%，从 2007 年 1 月 1 日开始，保加利亚政府将企业所得税调低到 10%（单一税率）。目前世界企业所得税的平均水平约 28.6%。在计算企业所得税时，保加利亚自动按照直线折旧法计算。

【个人所得税】2008 年 1 月 1 日起实行统一的个人所得税，税率为 10%，并取消了个人所得税 200 列弗的起征点。据统计，保加利亚 2010 年人均月工资约 342 欧元。

【增值税】保加利亚目前实行的增值税（VAT）税率为 20%，旅游和特殊（如宾馆）行业的增值税为 7%，旅行社提供的在保加利亚服务增值税为 20%，旅行社提供的第三国服务则免征增值税。自 2011 年 4 月起，保加利亚旅游业将实行 9%的单一税率。免除增值税的产品及服务如下：出口欧盟外的有关产品、服务；与国际运输有关的产品、服务；与免税贸易相关的产品、服务；代理、中间商及经纪人提供的产品、服务。

年营业额达到或超过 2.5 万欧元的外资公司必须在销售额超过 2.5 万欧元的税务周期之后的 14 天内向保加利亚收入署递交增值税登记申请，开设增值税专项账户，获得唯一的 ID 号码，用于缴纳和返还增值税。营业额低于 2.5 万欧元的外资公司可自行决定是否进行增值税登记。

公司在购买所产生的增值税超过出售所产生的增值税数额，超出部分将用来冲抵在今后 3 个月中发生的增值税，此后如仍有剩余，那么余额将在此后的 45 天内（相当于增值税超出发生后的约 5 个月）返还。政府部门在税务审计的过程中可以推迟返还剩余增值税，但不得超过 3 个月。公司如不愿拿到返还的增值税，还可以通过书面申请要求将剩余的增值税抵销此后 9 个月内发生的增值税支出。

【消费税】 2005 年 11 月 15 日，保加利亚实施新消费税法，保加利亚奢侈品征收消费税，如进口高档商品或在保加利亚加工首次销售的产品。消费税征收的主要商品列表如下：白酒、啤酒、含酒精的原材料（不包含葡萄酒）；雪茄、香烟、烟草等制品；功率超过 120 千瓦的 9 座以下汽车；发动机产品。2008 年 1 月 1 日起，不再对咖啡征收消费税，但对于商用汽油、煤、电力能源提高了消费税税率。出口产品不征收消费税。自 2010 年 4 月 1 日起，在消费税暂缓安排制度下进行的商品转移通过消费税转移和控制体系（Excise Movement and Control System，EMCS）进行监管。这是一个电子化系统，用于欧盟范围内应税商品的监督和控制。

2. 关税政策

关税政策： 入盟后保加利亚海关管理执行欧盟统一政策和规章。同时，其也受保加利亚《行政法》、《刑法》、《民法》、《增值税法》、《增值税实施条例》等相关法律法规的制约。保加利亚执行欧盟统一关税税率。欧盟目前的共同海关税则是 1992 年欧盟部长理事会制定的《关于建立欧盟海关法典的第（EEC）2913/92 号法规》，它对共同海关税则、原产地原则以及海关估价等作了统一的规定。欧盟对最惠国实施税率平均为6.5%，税率范围为0～209%，存在明显的关税高峰，农产品关税普遍较高，平均关税高达 16.5%，农产品税目中有 4%的产品关税超过 50%，部分农产品还实行关税配额管理。非农产品的平均关税为 4.1%。

3. 投资税收优惠政策

【高失业地区的税收优惠】保加利亚政府鼓励外资流向保加利亚高失业地区（失业率高于全国平均水平 35%以上的地区，保加利亚财政部每年公布一次高失业地区名单）。如此类地区获得的减税和其他形式的国家补助总额超过 7 500 万列弗（约 3 750 万欧元），则需要国家竞争委员会出具书面证明才可以获得税收优惠。如果高失业地区获得的减税和其他形式的国家补助总额不超过 20 万欧元，那么在此投资的外资公司获得的税收优惠相对较少。

【生产企业享受的税收优惠】保加利亚政府对在失业率高于全国平均水平 35%以上的地区投资，而且满足以下条件的生产型企业免征企业所得税：一是公司的生产活动都集中在高失业地区；二是公司在申请免除公司所得税当年不负有不可推卸的其他税务、社保、罚款等责任。免缴的企业所得税须在该财务年度结束后的 3 年内再投资到生产中，有效地投资包括固定资产和许可、专利、技术等非固定资产投资，但投资非固定资产的额度不得超过投资固定资产额度的 25%，同时企业须投入不低于再投资资产总额的 25%作为配套资金，而且这些再投资资产不允许在 5 年内卖掉，除非是由于企业的失业率高于全国平均 50 个百分点以上时进行合并重组。如果被投资地区已经被从高失业地区名单中除名，那么该地区只能在此后的 5 年内享受相应的税收优惠政策。如企业正在筹建、尚未投产时，该地区从高失业地区名单中除名，投资企业仍然可以在此后的 4 年中享受该优惠政策。

【抵税优惠措施】保加利亚政府对在失业率高于全国平均水平50%以上地区投资的企业，给予相当于首期投资资产总额10%的税收豁免，但免缴的税款须在此后的4年中用于追加投资。

四、投资政策

1. 投资主管部门及相关法规

投资主管部门：保加利亚政府1997年成立“外国投资署（Foreign Investment Agency）”。2004年8月将“外国投资署”更名为“保加利亚投资署（Bulgaria Investment Agency）”。投资署是保加利亚主管投资的政府机构，隶属保加利亚经济能源部，主要负责投资政策制定、实施以及促进工作。其职能清晰，对投资者的服务主要有：详细的信息咨询、深度的市场调研、有针对性的牵线搭桥和组织投资洽谈等。

投资法律法规：保加利亚与投资合作有关的法律主要有《投资促进法》、《申请投资优惠政策法》、《外国人法》、《劳动法》、《土地法》、《特许法》等法律。

2. 投资行业规定

投资署制定了《投资环境和主要产业指导》、《法律指导》、《主要投资者信息》等文件和材料。保加利亚提出在制造业、可再生能源、信息产业、研发、教育以及医疗6个行业投资的外国公司将得到优惠政策的支持，同时取消了对钢铁、船舶、化纤制造行业的外商投资优惠政策。

2008年，保加利亚投资署推出8个重点吸引外资行业：电气电子、机械加工、化工、食品及饮料加工、非金属采矿、医药行业、再生能源、ICT及服务外包。

3. 投资方式及出资额度限制

保加利亚给予外资和外国企业国民待遇，对投资方式没有特殊限制。

4. 外资企业的利润及汇出限制

外资企业在当地注册后可自由设立外汇账户，自由汇进外汇。在中国内地注册的公司，根据中国与保加利亚双方签订的《避免双重征税协定》，公司办理有关手续后，汇出外汇无须支付税款。在中国香港、澳门注册的公司，汇出利润须交纳5%税款，汇出贷款利息或服务费用时须支付10%的税款。

五、融资政策

1. 外汇管理

保加利亚法定货币名称为列弗，列弗与欧元采用固定汇率，1欧元=1.955 83列弗，列弗为可自由兑换货币。人民币不能与当地货币直接兑换。

保加利亚政府实行经常项目和资本项目可自由兑换的外汇管理政策。

外国人出入境时随身携带1万欧元以内（含1万欧元）的现金无需申报，超出1万欧元需办理报关手续。

2. 银行机构

银行体系：保加利亚共有商业银行29家，只有国家开发银行1家国有银行，其他均为外国（控股）银行，银行系统资产总额为713亿列弗（约365亿欧元）。保加利亚中央银行把保加利亚商业银行分为三类：一类是保加利亚最大的5家商业银行，二类是19家商业银行，三类是5家外国银行的支行及其他规模较小的外国银行。

中资银行：保加利亚境内无中资银行，但中国国家开发银行在保加利亚有工作组且中国进出口银行和中国出口信用保险公司为中国企业提供商业担保服务。

3. 融资条件

外国企业可以同保加利亚公司一样从保加利亚银行获得融资，

但受世界金融危机的影响，从 2008 年第四季度起，保加利亚商业银行普遍提高了对申请贷款企业的要求。外国企业需满足相应条件方能获得贷款，如在保加利亚成立时间 1 年以上，在保加利亚经营期间财务状况良好，有固定资产作为贷款抵押等。保加利亚商业银行的融资条件随着国家的财政、货币政策和银行的流动性在不断调整。

六、劳工政策

1. 劳动力供求状况

保加利亚人口为 736 万（2011 年年初），签署劳动合同的总人数为 213.2 万，占总人口的 28.9%，其中在公共部门工作的有 58 万人，民营企业工作的有 155.2 万人。

2. 劳动就业规定

劳动合同期限：

【签订合同】保加利亚《劳动法》规定，雇主和雇员必须签订用工合同，否则将施以罚款。保加利亚的劳动合同分为不定期和定期两种，一般情况下签不定期合同，以书面形式明确表达希望签订定期劳动合同者除外。

（1）定期合同：定期劳动合同时间不得超过 3 年（含 3 年），由雇员提出或为完成临时、季节、短期工作或为替代缺席员工可以签订定期合同。

（2）试用合同：如工作岗位需特殊技能人员，需要通过试用期来选择适应该工作岗位的雇员，或员工希望通过一段时间的工作来判断工作岗位是否适合其本人，在这两种情况下，可以签订试用合同，期限为 6 个月。试用合同提出方可以在期满前单方终止劳动合同。

【终止合同】如无充分理由雇主不能随意辞退员工（非高级管理层），员工有权对不公平解雇所导致的损失提出上诉。员工在病假、怀孕、哺乳、服兵役期间不得辞退。

报酬和额外薪金： 保加利亚国家统计局最新数据显示，2013年一季度保加利亚人均月工资达778列弗，同比增长4.3%，环比下降3.1%。月工资水平最高的三个行业是：信息和通信业（1 822列弗），电力、燃气和水气供应行业（1 578列弗），金融保险业（1 447列弗）。月工资水平最低的三个行业是：住宿和餐饮服务（523列弗），行政后勤服务（526列弗），其他服务性行业（555列弗）。同期，保加利亚私营部门月均工资同比上涨3.9%，公共部门工资同比增速为5.8%。

雇员在工作8个月以后，就可以享有每年至少14天的休假，具体时间长短由雇员为企业服务的年限决定。雇员在孕、产假期间，其工资由国家社会保险署发放。另外，劳动法允许雇员在孕、产假后还可以继续享受假期，直到把孩子抚养到2岁时止。在此期间，母亲的工资由国家社会保险署按照当时的社会最低工资标准发放。临时伤残人员在假期中时，也由国家社会保险署发放补贴。

劳动时间： 工作时间：每天工作8小时，每周工作5天。带薪假期：每年不少于20天。退休年龄：男性最低退休年龄为63岁，女性为59岁。

辞退赔偿：《劳动法》规定了合同终止前通知当事人的时限：一般情况下终止劳动合同提前通知的时限不超过3个月。对固定时限合同，需提前3个月通知雇员。在固定时限合同中，如有充分理由辞退雇员，雇员有权获得相当于合同规定期限所剩余时间工资总额的赔偿。在非固定时限合同中，如合同条款无具体规定，雇主需提前1个月通知被辞退雇员。在非固定时限合同中，如有充分理由解雇雇员，雇员有权获得1个月工资的补偿。雇主没有正当理由提出终止劳动合同，雇员可要求雇主支付其4个月工资作为补偿。

如因企业倒闭，或经营不善导致减产停工，劳动合同规定剩余时间超过15天的情况下，雇员有权获得补偿，但补偿额不超过1个月，如集体或劳动合同中签订了更长的补偿时间，则按合同执行。如雇员工龄较长，已获得享受养老金的权利，无论何种原因终止合同，雇员有权得到相当于2个月收入的补偿。如雇员为同一雇主工作10年以上，补偿总额将相当于6个月工资收入。

雇主的其他义务：保加利亚劳动法规定，雇主须免费为雇工提供安全和健康的工作条件，包括必要的医疗服务、特别工作服、防止和降低事故、受伤的措施，并有义务告知雇工本项工作存在什么样的危险性，同时委任一个或几个人进行此项职业性危险的防护活动。为了实施这项防护措施，每一个雇主在开业前须向本地区劳动检查员申报：劳动工种、雇工人数、工作条件、危险因素、已采取的防护措施。

企业社会保险的缴纳：社会保险（社会、健康、失业等）费用由雇主与雇员共同承担，2010年雇主承担的部分占工资总额的17.9%，比例有所降低（表1）。

表1　社会保险支付比例

社会保险种类	公司支付（%）	员工支付（%）	合计比例（%）
健康保险	4.8	3.2	8
养老保险	7.1	5.7	12.8
额外强制养老保险	2.8	2.2	5
疾病、母亲基金	2.1	1.4	3.5
就业保险基金	0.5	0	0.5
失业保险基金	0.6	0.4	1
劳动意外和职业病基金	0.4～1.1	0	0.4～1.1
合计	17.9	12.9	30.8

资料来源：保加利亚统计局。

3. 外籍人员工作的规定

所有获得保加利亚永久居住权、避难和难民身份的外国人和保加利亚人一样拥有被雇佣的权利。短期工作证许可由劳动和社会政策部下属的就业署签发，劳动许可包含工作时间、工作内容和雇主等相关信息。

短期工作许可由雇主申请，其有效期与劳动合同中的工作期限一致，不应超过 1 年。短期工作许可允许多次延期，但工作总时间不能超过 3 年。外国人在获得工作许可和签订工作合同后就获得了在保加利亚的居留许可，居留时间长度以劳动许可为准，每次不超过 1 年。短期工作许可延期后，居留许可的时间长度也可相应延长，但总时间不得超过 3 年。

4. 工作证办理

主管部门：外国人赴保加利亚工作的主管部门是劳动与就业政策部就业署，在保加利亚工作的外国人需要获得保加利亚就业署的工作许可。

工作许可制度：外国人的短期工作许可由雇主申请，劳动和社会政策部下属的就业署负责签发，劳动许可包含工作时间、工作内容和雇主等相关信息，工作许可的有效期与劳动合同期限一致，但不超过 1 年。短期工作许可允许多次延期，但工作总时间不超过 3 年。外国人在获得工作许可和签订工作合同后就获得了在保加利亚的居留许可，居留时间的长度以劳动许可为准。短期工作许可延期后，居留许可的时间长度也可相应延长，但总时间不得超过 3 年。如在保工作需 3 年以上，3 年期限结束后需重新申请工作许可。保加利亚公司（含外国人在保加利亚注册的公司）外国雇员和本国雇员比例不能超过 10%（含 10%），欧盟成员国及挪威、冰岛和列支敦士登居民除外，因为这些国家的居民及其亲属在保加利亚工作不需要工作许可。

申请程序：由雇主提出申请要雇用外国员工的原因，并请就业署为外国雇员办理工作许可，雇主应出示被雇用外国员工的资历情况。

提供资料：雇主写给保加利亚就业署的申请信，信中需说明雇用外国员工的原因，以及外国员工的学历证书、资质证明等材料。

七、农业保险和外商农业投资保险政策

保加利亚于1946年实行了保险国有化，成立了国家保险局，经办全国的农业保险。保加利亚对于单一风险保险采取的是私营非补贴模式。这是因为单一农业风险造成影响面小，可保程度高，与一般财产风险区别度不大，所以政府无须对其进行补贴，私营保险机构也能较好地经营。保加利亚农业保险主要包括农作物保险（大田作物、果树、葡萄园）和牲畜保险（公牛、水牛、绵羊、山羊、家禽），其中农作物保险的承保风险有雹灾、雷电暴风、暴雨、火灾、霜冻、洪水（泥石流、冬季谷物减产），总保费占保险价值的比例为4.8%；牲畜保险的承保风险有由于火灾、自然灾害、寄生虫病和传染疾病（世界动物卫生组织名单所列明的及其他疾病）所导致的死亡及宰杀，总保费占保险价值的比例为0.8%。

八、我国已经与合作国所签署的双边投资保护协定

1. 双边投资保护协定

1989年6月，中国和保加利亚签署《中华人民共和国和保加利亚人民共和国投资保护协定》。

1989年11月，中国和保加利亚签署《中华人民共和国和保加利亚人民共和国避免双重征税协定》。

2002年7月，中国和保加利亚签署《关于修订对所得和财产避免双重征税和防止偷漏税协定议定书》。

2. 其他协定

1984年9月，中国和保加利亚签署《中华人民共和国政府和保加利亚人民共和国政府经济科技合作协定》。

1990年10月，中国和保加利亚签署《中华人民共和国政府和

保加利亚人民共和国政府贸易协定》。

2006 年 11 月，中国和保加利亚签署《中华人民共和国政府和保加利亚共和国政府经济合作协定》。

九、有关农业生产、收储、加工、流通的其他鼓励或限制政策

【禽肉产品进口限制】 2012 年 5 月 9 日，欧盟颁布欧委会第 2012/248/EU 号决定，延长多项防止禽流感的保护性措施实施期，其中涉及中国家禽进口的第 2005/692/EC 号决议实施期延长至 2013 年 12 月 31 日。根据该项决定的有关规定，成员国应暂时禁止从中国进口鲜家禽肉、含有家禽肉的肉类制品及肉类产品、含有任何家禽部分的未煮熟宠物食品和未加工饲料、供人食用的鸟蛋、及未经处理的鸟类猎物装饰。

【共同农业政策改革协议】 2013 年 7 月 1 日欧盟成员国与欧洲议会经过两年谈判，最终达成共同农业政策。该协议将由欧盟理事会于欧洲议会于 9 月批准后自 2014 年生效。据 2014—2020 年期间 CAP 政策的改革内容，保加利亚每公顷土地将获得欧盟更多农业补贴。而 2016 年之后保加利亚将开始接收全部直接支付，预计保加利亚农民每年收到的补贴将达 15 亿～16 亿列弗（约折合 7.67 亿欧元）。

新 CAP 政策与措施给保加利亚的农民提供了很多新的机遇，欧盟资金的新分配方式和投向将推动年轻农民从事农业、鼓励绿色农业生产和对发展低落的地区实施特殊补助政策。

贝　　宁

一、投资者国民待遇

1. 投资者国民待遇

贝宁先后建立了促进和保护私人投资的服务机构，如投资促进中心、中小企业促进和指导中心、贝宁商业机会中心、企业注册中心（窗式服务）等，为投资者提供便利。贝宁不断健全投资贸易的司法保障。贝宁《投资法》鼓励私人和外国投资，允许企业自主经营，享有资金转移和人员出入境及居留自由，保证不对私人和外国投资进行国家征用和国有化。

目前，贝宁还没有经济特区、特殊保税区等特殊经济区域，对进入贝宁的外国企业没有特殊优惠政策，对外资实行国民待遇。

2. 最惠国待遇

贝宁和中国签署的“关于促进和保护投资的协定”约定，贝宁给予中国投资者在其境内的投资及与投资有关活动不低于其给予本国投资者的投资及与投资有关活动的待遇，也不应低于其给予任何第三国投资者的投资及与投资有关的活动的待遇，但不包括缔约另一方依照关税同盟、自由贸易区、经济联盟及产生此类同盟或类似机构的任何国际协议，也不包括任何与税收有关的国际协议或安排。

二、土地政策

1. 土地资源及土地价格

农业资源：贝宁全境地处热带，终年高温。沿海平原为热带雨林气候，常年气温在 20～30℃，最高可达 42℃；中部和北部为热带草原气候，年平均温度 26～27℃。年降水量分布极不均匀。贝宁全国有可耕地资源约 705 万公顷，占国土面积的 62.5%。但开垦利用水平低，未来发展空间巨大。2008 年全国耕地面积约为 270 万公顷，占国土面积的 24.4%，仅占可开垦面积的 38.3%。

在粮食作物中，贝宁的主食玉米占有最突出的位置，但其单产水平仅为世界平均单产的 27.0%；其次为木薯和山药，占块根块茎类作物的 98%以上。粮食基本可以自给，但稻米的缺口巨大，需要大量进口。经济作物中，以棉花、花生、腰果、油棕榈、芒果、菠萝等为主。

贝宁的植被面积占陆地面积的 65%，森林主要分布在贝宁的西北部、中部和南部地区。全国林地面积 222.14 万公顷，其中薪炭林 127.44 万公顷。贝宁的林业产品以工业圆木（Industrial Roundwood）为主，在出口林产品中，以未加工的工业圆木为主。进口林产品中，以印刷纸张、纸板和胶合板为主。

尽管近十年来推行的畜牧现代化项目的成果显著，但是贝宁目前仍以传统饲养方式为主，管理粗放、产量较低。虽然畜禽产品生产不断取得进步，但依然不能完全满足人们对动物蛋白的需求，特别是对肉、蛋、奶的需求。因此，贝宁每年仍要进口一定数量的家禽、家畜及肉类。尤其是价格相对低廉的冷冻禽肉类和鸡蛋的进口，对贝宁城市周边的现代养殖业，尤其是蛋鸡和肉鸡的养殖造成巨大的冲击。

贝宁拥有较丰富的渔业资源，海洋鱼类约有 257 种，海上有 3 000 平方公里的大陆架，可供渔业生产的面积达到 2 750 平方公里；陆上有 333 平方公里的泻湖和湖泊，有总长 3 048 公里的多条河流，130 000 公顷的洪涝区及许多水库可供渔业生产。贝宁的渔业仍以淡水和近海捕捞为主，人工养殖尚不足渔业总产的 1%，因此，远洋捕捞、淡水养殖、近海滩涂养殖十分薄弱，水面资源的利用率低下，未来发展潜力巨大。

土地及房屋价格：贝宁城区和城市周围工业用地价格在 400 西非法郎/平方米和 500 西非法郎/平方米之间变化，农村工业用地价格在 15 西非法郎/平方米和 30 西非法郎/平方米之间变化。国家所用的土地只能以长期租赁形式出租，其租价为售价的 10%。地区价格可根据区域（住宅区、人口密集区、市中心、市郊）和建筑豪华程度而变化。贝宁城市住宅价格根据所处位置有所不同，在富人区（靠近机场和使馆区）月租约为 45 万西非法郎（200 平方米）。

2. 土地投资政策

贝宁土地法规定，贝宁人可以自由出让或出售土地，根据不同地区向国家缴纳税率不等的税费。外国企业可依照贝宁土地法购买或租用土地，租赁土地的租用期为 70 年。

贝宁实行土地私有化政策，大部分土地为私人所有，而国有土地则很少。私人土地可以自由买卖或转让。土地与其他私人财产一样，受国家法律保护，包括国家机关、机构在内，任何人都不得强行征购。无论是国家项目建设需要征用私人土地，或者是其他法人或自然人从私人手中购买土地，只能与土地所有人在平等的基础上进行商谈，并且只有在土地所有人愿意出让，且双方在出让价格上达成一致意见后，按照土地买卖或转让程序，由政府土地行政主管部门派员现场测量，埋设地界边桩，绘出土地位置图，然后出具买卖或转让契约，双方在转让契约上签字，买方按约定付清全部土地转让款后，土地买卖或转让才算合法有效。

按照贝宁现行法律，外籍人持个人有效证件，可在当地购买土地。个人购买土地后，除特殊情况外，土地用途不受限制。

在土地买卖或出让、受让时，买方（受让方）与卖方（出让方）在当地政府土地行政主管部门办理土地买卖或转让契约时，买方（受让方）须按土地买卖或转让的成交总额，向当地政府缴纳4%的转让税、土地过户印花税。土地买卖或转让契约办理完毕后，即合法有效。

三、税收政策

1. 税收制度和主要税率

税收制度：贝宁实行属地税制。税收体系是由海关税收、国内税收和国家税收、地方税收交叉进行的。税收制度主要依据贝宁《税收总法》，同时根据每年财政预算方案对税种和税率进行必要的调整。

贝宁的税赋种类繁多，名目复杂。对物资进口，海关要征收海关税、进口物资增值税、统计税、联盟税、团结税和海关印花税。

国内税收分为国家税收和地方税收。前者分为直接税、间接税和登记印花税。地方税收包括土地税、营业税和专营许可证税等。直接税可以细化为：工农商手工业利润税，即企业利润所得税；非商业利润税；交通道路税；公司车辆税；工资所得税；雇主用工税；动产收入所得税（包括股票、债券和其他有价证券的所得）；不动产租金所得税；债权收入所得税；除工资外的个人一般所得税。间接税可以细化为：销售物资增值税（出口免征增值税）；金融税；保险合同专项税；石油产品特种专项税；烟草税；饮料税；面粉消费税；香水和化妆产品税；食用油脂消费税；赌博彩票税；广播电视税。

主要税率：

【工商业利润税】工商业利润税是对在贝宁经营工业、商业、矿业、农业和林业行业一切所得的利润进行征收的税收。外国企业在贝宁开设的稳定企业所经营的业务也要缴纳工商业利润税。执行两种税率，对于自然人征收35%，对于公司征收38%。

【非商业利润税】非商业利润税征收对象：①自由职业者的利润，不是以商人身份经营的事务所得的利润；②没有缴纳所得专一税收进行的任何工作，有钱可赚的经营业和有赢利来源所得的利润；③所收取人不是以商人身份收取低于或等于公司 10 万西非法郎的转让剩余价值。非商业利润税税率确定为 35%。

【债券收入税和有价证券收入税】对债券所得收入，来源于所有账户和款项或票据的存款的利息或收入进行征收。对有价证券征收如下：①股息收入和其他股票的收益、创办股、商业公司或民事公司的利息股的收益；②同一上市公司在他们清算或解体前，其股份或利息股金额的全部或部分偿还和折旧；③（企业董事的）年度利润分配额，（出席会议的）车马费和其他所有不管是属于董事长个人的或同一公司的董事长们的酬金；④股东们的车马费；⑤利息（年金、债券等的）到时未付款、彩票中彩奖金、赔偿的补助费和所有这些公司任何性质的其他债券和借款的溢价。债券收入征收税率确定为 15%；有价证券收入征收税率确定为 18%。

【房租房产税】自然人或法人定期以书面形式或口头形式，收取他们在贝宁的建筑物产业或非建筑物产业所得的租金收入，应交房租房产税。房租房产税是一种递增税，每月收取租金低于或等于 5 万西非法郎的，征收 10%；每月收取租金高于 5 万西非法郎的，征收 20%。

【收入总税】所有在贝宁的自然人都应缴纳收入总税。可以免交收入总税的情况包括：①年收入低于 10 万西非法郎；②外国大使、外交人员、领事可保留同贝宁外交官相同的优惠待遇；③只缴纳工资累进税的纳税人；④缴纳工商业利润税的纳税证票的承运人，属于承包税的小商贩；⑤大石油站主管人。

收入总税税率可合并进行，但没有考虑到不同家庭的财务情况和纳税人的家庭负担。征收基础是以年净收入总金额计算，包括户主、户主配偶与孩子。已婚妇女和由其负担的孩子在一定条件下，可以分别进行征收。

【社会车辆税】所有有登记牌照的个人拥有的私人运输车辆或者由公司或公共工商业单位或私有工商业者使用的车辆，必须交纳车辆税。对作为公司唯一的物品出售的车辆则不在征收范围内。征收税率与金额分为两类：功率超过 7 马力的车辆，征收 15 万西非法郎；其他车辆征收 20 万西非法郎。

【工资和津贴累进税】当受益人所得的薪水、津贴、薪金、工资符合以下条件，须征收其工资津贴累进税：居住在贝宁，不管其报酬在贝宁国内所得，或者其雇主在贝宁国外居住或开业；居住在贝宁国外，而工资由贝宁国内发，其雇主可能在贝宁国内居住或开业。可征收金额由雇主支付的款项和雇主在扣除用于规定的低于6%工资的退休金之后，所给的钱和实物报酬相加的总额组成。累进税率如表 1 所示：

表 1 贝宁工资和津贴累进税税率

收入级别	税率（%）
低于 2 万西非法郎	0
2 万至 10 万西非法郎	15
10 万至 25 万西非法郎	20
25 万至 50 万西非法郎	25
高于 50 万西非法郎	40

资料来源：贝宁财产税收总局。

2. 关税政策

关税政策：贝宁属于世贸组织和西非经济与货币联盟成员，实行自由贸易。国家不干涉企业之间合法的贸易行为。与贝宁公司做生意，一般不需要特别的手续和检验证明。一般情况下，在成交后要向贝宁方出示形式发票，这样贝宁企业才可以向银行申请外汇付款。其余规定和世界上大部分国家一致。

贝宁为法语国家，官方文件都是法语行文。政府对资信好、有进口权的企业都会发放进口证（法语：carte d’importateur）。这是鉴别一家公司是否为正规合法公司的最可靠的方式。贝宁是外汇管制国家，投资所得需要出具各种完税证明后方能汇出。

贝宁对进口商品实行许可管理制度，进口商品须事先得到对外贸易理事会批准。但进口原产于欧盟、业务账户国和非洲、加勒比海、太平洋各国的商品进口无需进口许可证。非自由贸易的商品及部分属配额范围内的商品，需要进口证及进口许可证书。许多商品禁止进口，如所有以色列和南非的商品。申请进口许可证，需提交经签署姓名的形式发票。发票上需注明 FOB 价格和 CIF 价格。发票无需公证。许可证有效期一般为 3～6 个月。必须在许可证失效前发运货物。

贝宁是西非经货联盟成员国，自 2000 年 1 月起开始实施“共同对外税则（TEC）”，8 个成员国内部商品流通实施零关税政策，而进口关税则根据不同产品，统一征收 0%、5%、10%、20%等四档关税（表 2）。

表 2　贝宁各类产品关税税率

进口税率（%）	产品类别
0	药品、避孕产品、书报、医疗康复仪器、计算机
5	生活必需品（粮食等）、原材料、设备、特定生产资料
10	中间产品及生产资料
20	制成品及未列入其他类的产品

资料来源：贝宁海关。

农产品关税：贝宁企业在进行进口业务时需要缴纳各种税费。主要包括：①统计税：为进口商品到岸价（CIF）值的 5%。②预付金：以扣除公司资产负债表中商业利润税（B. I. C）后的海关税的 5%作为预付金。所有进口商，不分国籍均需缴纳此预付金，并直接交纳给税务。③增值税：一切在贝宁消费的商品均需缴纳

18%的增值税。消费税：此税种仅涉及少数几种特定的商品，如：小麦、油类、烟草和含/非含酒精类饮料。此类税率在1%（小麦和油类）和10%（烟草和酒类）之间变化，以商品的到岸价（CIF）作为计税基础。

贝宁政府已决定，从2013年1月1日起，将免除用于农业、畜牧业、渔业领域的农业机械、农机配套件以及农机零配件的进口关税及增值税，并免除农、牧、渔业的小型加工、储藏设备进口关税、增值税，以支持和促进具有很大发展潜力的贝宁农、牧、渔业的发展。

3. 投资税收优惠政策

【行业鼓励政策】贝宁政府根据本国国情需要，对某些行业的发展进行鼓励。贝宁政府鼓励私人和外国投资者对农业、养殖业和生产加工型企业的投资，对农业机械进口实施全部免税，对棉花种植商进行财政补贴，对外国决投资加大优惠政策力度。目前，贝宁中长期经济发展规划中还对电讯、能源和农业方面的投资加大了扶持力度。

【特别关税区、保税区】贝宁政府鼓励私人和外国投资者到北部和边远地区进行投资，鼓励创办劳动密集型生产加工企业，创造更多劳动就业机会。贝宁目前在贝宁和尼日利亚边境的塞美—宝鸡（seme-podji）建有保税区。保税区内企业进口机器、设备及工具、进口设备零配件、原材料及半成品、加工产品的包装材料、柴油、润滑油、建筑材料、办公室用品及易耗品、发电机组及配件、通讯设备、空调设备以及制冷设备等免除进口关税及费用。对公司用车辆减免60%的税收。保税区内企业出口产品时仅缴纳道路税。保税区内企业享受的税收优惠包括：①自公司获得优惠批文之日起，在10年、12年和14年内免除工商利润税（B. I. C），分别从第11年、13年和15年起的5年内减免B. I. C到20%；②在5年内，减免雇主工资税到4%；③在5年内，减免有价证券收益税到5%；④在10年内，免除建筑和非建筑财产税；⑤在批文期限内，对半成品、包装产品、公司生产过程中的自用产品、公司自费自供的服务及工程免除增值税。

四、投资政策

1. 投资主管部门及相关法规

投资主管部门：根据投资项目性质和类型不同，贝宁的外国投资事务分别由发展规划部、财政部、工业部、农业部主管。每个投资新建项目首先要根据行业向所属主管部门提交项目可行性等有关详细内容，同时根据《投资法》或《工业保税区投资法》的规定申请所需的优惠政策，以便实现获得所属主管部门颁发的建设许可证。所申请的优惠政策将由所属主管部门提交给发展规划部所属的“投资促进委员会”审核。获通过后，还需要经过正副部长内阁会议批准。

投资法律法规：贝宁针对私人和外国投资的主要法律条文是于1990年颁布的《国家投资法》。为了鼓励自由竞争，贝宁《投资法》保证所有国营企业、公司合营企业和私营企业都享有同等的权利和履行同等义务。所有从事商业、工业、农业、手工业和服务行业活动的企业，不论其享受何种条例（普通条例或优惠条例），都可以获得如下担保：①贸易自由（自由选择供货商、客户和所提供的服务形式）；②尊重本国现行法律的国外代理人和他们的家属入境、居住、行动和处境的自由；③经营自由；④资本转移的自由，尤其是正常入账的利润和股息以及在现行立法的范围内通过企业活动的中止或让与而获得的资金。在出于国家的公共利益情况下，国家所采取的征用措施不应是歧视性的，而且应当给予公正的、充分的、预先的补偿，并遵照国际准则和惯例确定赔偿数额。

关于为贝宁国内和外国企业提供关税优惠的规定分为A、B、C三类，其中A类适用于中小型企业，B类适用于大型企业；C类即“税务稳定”类。

2. 投资行业规定

贝宁对外资投资的行业没有硬性规定。但是，对能源、电力、水利等敏感领域的投资给予更多的政策倾斜。

3. 投资方式及出资额度限制

投资方式灵活多样，外资可以采取诸如独资、合资、参股、租赁、收购等方式在贝宁投资。

4. 外资企业的利润及汇出限制

因为资产负债表里面的利润都是税后所得的净利润，因此贝宁并无一项专门的立法对外资企业汇出的利润征税。但是，对于汇出的资金，企业仍需提交材料证明其流向，一般需要提供其位于贝宁境外的母公司或者控股公司的注册材料。一般建议在贝宁注册的外资公司将其大部分股权交由其在国外的母公司或者控股公司持有，这样汇出利润的时候，可以递交其母公司的董事会报告等相关材料来证明资金流向，将资金汇出贝宁的手续费并不高，对于欧元，其手续费为0.4%～1.5%，对于美元、英镑或其他，统一收取0.4%的手续费。

五、融资政策

1. 外汇管理

贝宁法定货币为西非法郎（FRANC CFA）。西非法郎受法国法郎支持，自欧元启动后，西非法郎即与欧元挂钩。在贝宁各大商业银行和私人钱庄，西非法郎可与美元、欧元等硬通货货币自由兑换。截至2012年年底，美元与西非法郎的比价基本稳定在1∶500左右。人民币不能与西非法郎直接结算。

对于汇进贝宁境内的外汇，只要能依据相关规定证明其合法来源，并无其他限制。从贝宁境内将外汇汇出管制则比较严格，手续比较繁琐，一般需要向银行提供的材料如下：外币兑换授权、询盘电文、形式发票或者商业发票、进口许可证等。

外国人携带现金入境贝宁法律有严格限制。建议赴贝宁的外国人随身携带尽可能少量的现金。推荐使用旅行支票或者使用银行转账的方式，这样可以方便地追溯资金来源。随身携带现金的上限为200万西非法郎或等额其他货币。

2. 银行机构

银行体系：20世纪80年代末，贝宁政府对国家农业信贷银行、贝宁商业银行及贝宁发展银行等三家国有金融机构进行资产清理，并随即开放金融市场。2008年12月15日，贝宁政府宣布将组建一个名为Agribanque的农业银行，专门为农业生产融资。至此，贝宁的商业银行及金融机构数量在西非经济与货币联盟中名列第四位。

贝宁非洲银行是非洲银行集团分公司，资本额为70亿西非法郎，其中私人股东控股54.55%。该银行从其经营的第二年开始即成为贝宁最大的银行，并保持至今。

在贝宁的银行体系中，外资银行占据重要地位。主要包括贝宁经济银行，西非经济银行跨国集团的分行；贝宁兴业银行，法国兴业集团分公司；贝宁金融银行，该行隶属总部设在日内瓦的金融银行集团；贝宁钻石银行，尼日利亚钻石银行集团分行。

中资银行：目前贝宁没有中资银行入驻，中国国家开发银行在贝宁设有工作组。

3. 融资条件

外国企业可以在当地银行融资。如果外国企业在贝宁当地合法注册，且能够满足相关银行要求的信用风险评估，法律对其在贝宁融资并无其他限制。银行的风险评估一般包括：证明其在当地从事合法业务，签署借贷协议、付款方式、托管账户，取得一家有资质的国际银行的保函，不动产或者设备的抵押，签署银行本票，验证签名等。如外国企业未在当地注册，要获取当地银行的贷款，除了提供更高层次的担保以外，还需依次获取西非中央银行的同意和当地金融管理部门的授权。但是有两种情况例外：一是本国银行对其相关外国合作银行的借贷（如承兑跟单信用证）；二是与他国政府签订的协议所承诺的借贷或者当地金融管理部门许可的借贷。

六、劳工政策

1. 劳动力供求状况

就简单劳动力来说，贝宁劳动力资源丰富。贝宁有大量的20～30岁，可以从事简单劳动的劳动力希望进入工厂。相对于周边其他国家，贝宁劳动力比较稳定，流动性较弱，无故一般不会随便离开企业。但贝宁劳动力技能较低，技术性工人较为缺乏。因此，许多技术性较强的岗位需要配备外方技术人员。

贝宁国家规定的最低工资标准（SMIG）为27 500西非法郎，按照劳动法规定，如果工人已过实习期或者试用期，企业应与工人签订劳资协议。一般普通工人的工资起点为36 000～42 000西非法郎，技术性工人的起点为50 000～70 000西非法郎。

2010年，贝宁的人口为966.7万，其中15岁以上劳动力就业率72%，劳动力人口在产业结构中分布很不均匀，它在三大产业中所占的比例依次为第一产业（约60%）、第三产业（约30%）和第二产业（约10%）。贝宁雇佣童工现象较为普遍。

2. 劳动就业规定

劳动合同期限：贝宁《劳动法》规定，劳动合同是自由签订的，但是以下合同必须书面签订：①见习合同；②超过一个月的定期合同；③工作地点在劳动者常住地之外的劳动合同；④移民劳动合同；⑤合同的试用期规定。定期合同指合同的期限由双方预先确定或者取决于将来确定的某一事件的进展，此事件不受双方的意愿的约束，但是对此有明确的规定。不确定期限是不定期合同。所有定期合同期限不能超过两年，可续订一次。凡是规定合同期限大于一个月或者需要在非劳动者常住地工作的劳动合同必须在劳动者体检后做书面证明。合同经劳动部门的有关机构公证和登记。

报酬和额外薪金：贝宁《劳动法》规定，所有工资不得低于各行业最低保证工资（SMIG）。通过全国劳动会议的提议，经劳动部长在部长会议上汇报后颁布的法令规定各行业最低保证工资。可以每隔三年或在需要时提高各业最低保证工资。定量或计件工作的报酬是按照平均能力水平的劳动者在正常工作的情况下所给予的工资。它至少等于此劳动者在完成相同工作量下的计时工资。

加班时间的报酬按照劳资协议的规定来支付，但是不得低于劳动法规定的百分率。白天加班的时间：第 41～48 小时按照 112%的时薪计算；第 48 小时起按照 135%的时薪计算；礼拜日和节假日按照 50%的时薪计算。夜晚加班时间：平日加班按照 150%的时薪计算；礼拜日和节假日按照 200%的时薪计算；晚上加班的时间是指 21 点至 5 点之间。

劳动时间：劳动法规定，除农业机构外，不管雇员的性别和领取报酬的方式如何，他们的法定工作时间规定为每周 40 小时。在农业机构内，不管雇员的性别和其领取报酬的方式，他们的法定工作时间被规定为每年 2 400 小时。如无明文规定，出勤时间均被看作是实际工作的时间。工作满 12 个月，员工可享受 1 个月的带薪假期。

辞退赔偿：当雇主因经济原因需解雇员工时，在作出决定之前必须先通知劳动监察员，说明企业职工人数在前 12 个月内的变动情况，裁员计划的经济或技术原因、预备解雇员工的人数、相关的专业资格、即将通知解雇的时间。如果企业内有员工代表，那么同时还必须将以上情况通知他们。所有经济性裁员必须在完成上述条款规定的程序后的 21 天内正式通知。当裁员计划的人数超过 11 人时，此期限可以延长至 30 天，如裁员人数超过 50 人时，延长至 35 天。如有员工代表，雇主必须在以上规定的期限内至少召集一次员工代表会议。会议上，雇主将回答关于通知内容的要点问题，并收集代表们试图取消裁员计划、减少裁员人数或减轻被裁减员工的影响的意见和建议，并对这些建议和意见进行讨论。不管雇主以何种原因为理由，经济原因或非经济原因，所有非客观、重要原因而导致的被解雇人员均有权获得由所属法院规定的损害赔偿，金额根据所受损害赔偿但也不能超过 6 个月的工资。不能将此赔偿跟因违反提前通知的赔偿及劳动合同、协定、协议或惯例规定的解雇赔偿相混淆。

雇主的其他义务：每月的工资必须最迟在工作月结束后的 8 天内支付。在不定期合同中，以小时、月计薪的职员、工人和手工劳动力的试用期不得超过 15 天，管理人员、干部和类似人员的试用期不得超过 3 个月。试用期只能延长一次，且必须书面规定。

3. 外籍人员工作的规定

关于外国人在贝宁工作的相关规定主要体现在《劳动法》第 4 段“外籍或入境移民劳动者的合同”中的第 26 条至 30 条。

第 26 条：在其定居的头两年内，除由贝宁共和国通过的、与此条文规定相反的协议或协定外，所有外籍人士或入境移民只能凭定期劳动合同才能从事有工资报酬的活动。

第 27 条：外籍或入境移民劳动者的合同必须有劳动部门发放的工作许可证。

第 28 条：工作许可证是暂时的，期限为 12 个月，可以延签多次；当有关劳动部门提出要求时，必须出示工作许可证。

第 29 条：当劳动者的专业资格不符合国家经济的需要时，劳动部可以拒绝签发或者延续工作许可证。劳动者可以根据反对行政决定的普通法，对劳动部的拒签行为进行上诉。

第 30 条：居住在贝宁共和国境内的移民劳动者从本法令的实施之日起，最多在 3 个月内必须在法令规定的条件下申请办理工作许可证，使之合法化。

4. 工作证办理

主管部门：贝宁外交部领事司、移民局负责工作准证的发放和管理工作。

工作许可制度：贝宁对工作许可没有严格限制，持有贝宁入境签证即可赴贝宁。

申请程序：中方人员持因私护照，需要在贝宁驻华使馆办理签证，入境后办理居住证。之后，即可在贝宁注册公司，从事各类经济活动。

持因公、公务或外交护照，无需办理签证可进入贝宁，到贝宁90天内需要办理签证，无需办理居住证，随后可正常从事各类活动。持因私护照，需要到移民局领取申请单、填写完毕、补齐材料，大约2周即可。

提供资料：在贝宁办理居住证，需要提供无犯罪证明、出生地证明、健康证明、居住证明等材料。

七、农业保险和外商农业投资保险政策

根据世界银行（World Bank）2011年的相关资料显示，目前贝宁还没有农业保险。贝宁境内比较有实力的保险公司有非洲保险公司（AA）、贝宁新保险公司（NSAB）、FEDAS、ARGG和SAVOYE等5家。

八、我国已经与合作国所签署的双边投资保护协定

1. 双边投资保护协定

1982年，中国和贝宁签署《贸易协定》。

1998年1月，中国和贝宁签署《贸易、经济和技术合作协定》。

2004年2月，中国和贝宁签署《关于促进和保护投资的协定》。

2. 其他协定

2013年1月，中国和贝宁签署《经济技术合作协定》。

九、有关农业生产、收储、加工、流通的其他鼓励或限制政策

进出口商品检疫主要针对食品和药品。进口此类商品时，要向卫生部申请备案，实行单独一套审批、检验体系。进出口商品检验由 DIVAC 公司负责。该公司总部设在法国，在中国上海设有机构，负责中国出口商品的检验。凡是中国要出口西非、货值超过200 万西非法郎、且不享受免税的商品，都要经过该公司的检验。但是这种检验只是针对价格和数量方面，并不针对产品质量。

进口之前，要向贝宁的 DIVAC 机构申请进口许可证。同时，相关资料会发到上海的 DIVAC 机构备案。商品装箱时，上海总部会派人到发运港口检验、核对。

进口活牲畜、新鲜的和冷制罐头肉，需提交 1 份经有关部门认证的、兽医开具的“原产地和卫生检疫证书”。对植物（整体和部分）、种子、土壤、化肥、堆肥以及这种或类似材料的包装，都要求提交 1 份植物检疫证书。另外，活体植物、植物部分或所有会带入农作物害虫材料，都需经农业部的核准。

玻利维亚

一、投资者国民待遇

1. 投资者国民待遇

玻利维亚为了鼓励外国资本进入其市场，制定了相应的法律与政策：鼓励和保障本国和外国的投资；承认外国投资者和本国投资者在权利、义务和保障方面的待遇相同（国民待遇原则）；资本自由汇进、汇出；股息、技术转让费、酬金自由汇出，其他商业贷款不存在限制；货币兑换自由；进出口自由；签订投资保险合同自由；纠纷仲裁自由；允许签订合营公司合同；在确定月工资收入方面，雇主与雇员之间可直接签订协议。

2. 最惠国待遇

目前，玻利维亚没有给予中国最惠国待遇。

二、土地政策

1. 土地资源及土地价格

农业资源：玻利维亚位于南美洲中部，内陆国，国土面积 110 万平方公里。东部和东北部大部分为亚马孙河冲积平原，约占全国面积的 60%；中部为山谷地区，属安第斯山东麓，农业发达，许多重要城市集中于此；西部为玻利维亚高原，平均海拔在 1 000 米以上。玻利维亚农业较落后。全国可耕地面积 3.4 万平方公里，约占国土面积的 3%。全国土地种植面积 188 万公顷，主要农产品为玉米、水稻、小麦、薯类产品和大豆等。粮食生产仅能满足国内 34%的需求，其余依赖进口。主要经济作物有棉花、咖啡、烟草、甘蔗、向日葵和古柯等。全国牛存栏数为 640 万头，羊 784 万头，猪 186 万头。渔业资源贫乏，年捕鱼量 5 300 吨。年农牧渔业产值 93.85 亿玻利维亚诺，占国民生产总值的 13.48%。

土地价格：玻利维亚土地购买价格为：一类地区 800～1 000 美元/平方米，二类地区 350～400 美元/平方米，三类地区 200 美元/平方米，其他地区 50～150 美元/平方米。

房屋租金及价格：

【工业厂房购买价格】50～80 美元/平方米。

【工业厂房租用价格】1 美元/平方米·月。

【办公楼购买价格】高档 800～1 000 美元/平方米，中档 600～700 美元/平方米。

【办公楼租用价格】高档 6～7 美元/平方米·月，中档 5～6 美元/平方米·月。

【住宅购买价格】600～1 000 美元/平方米。

【住宅租用价格】高档 5～6 美元/平方米·月，中档 4～5 美元/平方米·月。

2. 土地投资政策

根据玻利维亚第 3545 号法律第二章第 46 款规定，外国政府、企业或组织不得直接或间接拥有农业土地所有权。外国自然人或法人不得在边境 50 公里范围内，获得或拥有任何土地权利。为获得私有土地或签订合资合同，外国自然人或法人需要作为自然人在玻利维亚居住，并有能力作为法人从事农牧活动。

玻利维亚现有三种土地所有制：

【国有土地】分为可利用土地和不可利用土地。由于政府未将国有土地流转列为优先发展方向，故购买租赁国有土地可能性很小。除非与玻利维亚政府达成协议进行开发，如委内瑞拉与玻利维亚政府在食品安全领域开展了土地合作。

【私有土地】只要土地证照齐全、法律手续完善，政府即允许进行出售和租赁，价格由买卖双方商定。外国企业或组织可通过投资或合作经营等方式参与土地开发。

【社群土地】政府向土著居民、农民、贫困社区免费出让土地，供其进行生产性活动，鼓励与集体所有土地开展投资合作。外国企业或组织可通过投资或合作经营方式，与由社区居民组成的社团、协会进行合作。玻利维亚农村发展与土地部土地副部负责监督社区土地使用情况，包括开展经济行为的收益和环境状况。

三、税收政策

1. 税收制度和主要税率

税收制度：《税务改革法》（1986 年 5 月 28 日 843 号法）对在玻利维亚境内开展活动所采用的税收办法做出了明确规定。之后 1994 年 12 月 22 日颁布的 1606 号法及部分行业法规对《税务改革法》进行了修改。

主要税率：

【增值税】所有开展动产销售、动产和不动产出租、各种服务和永久性进口活动的自然人及法人需缴纳增值税。出口商、外交机构、1 000 美元以内的进口等可以免交该项税收。该项税收约为销售额或提供服务总额的 13%。

【附加增值税】附属关系纳税：所有在公共和私人部门任职的纳税人，其工资（月薪或日薪）、附加工资、加班费、奖金等都应缴纳该税收。领取退休金和养老金的自然人无需缴纳此项税收。年终 13 个月工资、社会福利及补贴亦不在此税收之列。比例为收入和允许扣除部分差额的 13%。

【接纳税】房租、银行定期及活期（少于 3 年）的存款利息、押款房租、公司经理及董事报酬、国际组织及外交机构聘用的当地员工工资以及公共部门聘用人员收入都应缴纳该税收。比例为收入总额的13%。

【企业所得税】

企业：所有公司都需缴纳该项税收。政府、公立大学及非营利性机构不缴纳此税收。税收比例是净利润（毛利减去支出）的25%。

自由职业者：所有独立的具有自由职业的自然人，包括公证律师、经纪人及中间人等其所得净利润，扣除在本财政年度申报并缴纳的增值税后收入的50%，缴纳额为净利润的25%。

国外受益人：征税对象为将在玻利维亚所得利润汇往国外的自然人和法人、在玻利维亚开展部分业务的分公司；征税项目为：汇往国外的在玻利维亚所得利润、在玻利维亚的部分业务；征税比例为：汇出总额的12.5%、在玻利维亚开展部分业务的汇寄总额的1.5%～4%。

【交易税】比例为交易额的3%。对通过各种有无利润的交易中取得的毛收入征收，包括贸易、工业、专项服务、承包工程与提供劳务、动产、不动产以及其他权利的转让所得等。开展上述活动的所有自然人及法人需缴纳该税收。

受雇于他人的劳动、行使公务、出口、中央省市政府提供的服务、定期及活期存款利息、有官方教育计划的私人教育机构、出版及进口图书、日报、股票买卖、外交服务、国内市场买卖矿物、金属与石油天然气、有价证券转让及全国艺术家在国家或市级舞台的文化演出无须缴纳该税收。

【不动产及机动车转让城市税】对转让不动产及机动车（机动车为二次以上的转让）的产权所有者征收3%的税收（不含车行出售车辆）。

【房产和机动车财产税】对房主和机动车车主征收财产税。

参加过战争的有功人员或其遗孀、中央政府、非营利性组织、外交机构、农村地区小面积土地或房产无须缴纳该税收。

税收比例根据房产及机动车的特征及价值不同有所变化。

【特别消费税】对在本国市场内销售以及为最终消费而进口的以下产品征收该税收：卷烟及烟草、机动车、饮料、啤酒、玉米奇恰酒、葡萄酒及其他酒类。

上述产品的制造商、进口商及批发商均需缴纳此税收。

零售商无须缴纳此税收。对卷烟、烟草以及机动车的税收有固定比例，对其余产品则实行具体的税收比例。

【石油天然气及其相关产品特别税】对进口及在国内市场买卖石油天然气及其相关产品征税。对单位商品的税收比例，每年根据美元兑换玻利维亚诺比率变化有所调整。

【资产免费转移税】对资产的免费转移实行征税。继承、捐赠的受益者等需缴纳此项税收。中央政府、市级政府、非营利性组织以及国家战斗英雄无需缴纳此税收。

税收比例：父母亲、孩子及配偶 1%；兄弟姐妹与后裔 10%；旁系亲属与其他接受遗赠人为 20%。

【出境税】对通过飞机航班出境者征收出境税。所有玻利维亚居民及居住在玻利维亚的外国人需缴纳该税收。持有外交护照者、不满 2 周岁者以及国家战斗英雄免缴出镜税。

【矿业附加税】新《矿法》规定矿山企业不再缴纳企业利润税，改交矿业附加税。对矿产的勘探、开采、筛选、熔炼、提纯与买卖征收该项税收。参与矿物与金属买卖的自然人与法人需缴纳该税收。对矿物与金属的加工制造及临时进口矿物则不缴纳该税收。税收比例由矿业部通过决议定期颁布。征税基础为销售毛收入。

【石油天然气直接税】2005 年 5 月 17 日颁布《石油天然气》规定，国家对石油天然气生产企业征收石油天然气直接税。

【外币交易税】征税基点为 1 000 美元以上的所有外币银行的交易行为，税率为 2.5%。

2. 关税政策

关税政策：投资政策优惠，进口不设限。玻利维亚进口货物不存在任何限制（危害公众健康和国家安全者除外），亦无须事先批准。资本货物的进口关税是5%，其他任何货物的进口关税都是10%。但实际上，玻利维亚政府为促进外国投资，对纺织、矿业等部门资本货物的进口实行的是零关税。

农产品关税：农产品进口关税的税率为10%。

3. 投资税收优惠政策

【减免税政策】玻利维亚鼓励国内生产厂商扩大出口，并通过《出口税收发展和处理法》规定出口商可获得部分退税。来料加工所需的原材料和初级产品（不包括零部件、工具、燃油、石油天然气、润滑油和电能）可免缴纳增值税、特定消费税和关税入境，停留期限为360天，期间需对其进行加工并出口成品。进入自由区的商品可免除全部关税、特定消费税、公司所得税、交易税、增值税、固定资产税、机动车税和企业所得利润汇回投资来源地税。

【投资鼓励政策】玻利维亚政府鼓励对纺织与服装业的投资。投资纺织与服装业时，为生产所必须进口的资本货物（机器、设备、原材料等）享受零关税。

【特别关税区、保税区】玻利维亚政府对落后省份，如奥鲁罗省、波托西省、贝尼省制定了特殊的投资优惠政策；在建厂期内免征为建厂而进口的机器、设备的海关税和增值税；五年内免征进口原材料的海关税和产品的交易税。另外，有些外国在玻利维亚投资项目作为个案处理，亦享受特殊的投资优惠。

四、投资政策

1. 投资主管部门及相关法规

投资主管部门：玻利维亚发展规划部下设公共投资和国际融资副部，主管本国及外国企业家在玻利维亚投资、国际社会对玻利维亚援助等事务。

投资法律法规：

《投资法》：1990年9月17日，玻利维亚颁布的《玻利维亚投资法》，旨在促进及保障在玻利维亚国内外国企业的投资，使玻利维亚经济和社会得到发展。

《行业规范体系法》：1992年4月24日，玻利维亚颁布的1330号法律，旨在规范、控制并监督在通信、电力、能源、交通及水等行业的活动。

《中心法》：1994年10月28日，玻利维亚颁布的1600号法律，旨在使宪法第25条更具灵活性。对除非国家需要，不然在国境线50公里范围内禁止国内外私人资本进行投资的相关条款予以修改，促进了国外资本在特定的地理范围内对油气、通讯等领域进行投资。

《贸易法》：1977年2月25日，玻利维亚颁布的第14379号法律，旨在规定了与贸易活动相关的法律关系。

《税收改革法》：1994年12月22日，玻利维亚颁布的1606号法律，规定以下主体需缴纳此税收：

（1）在全国范围内成立或即将成立的进行矿产品及金属产品开采、生产、加工、冶炼及销售的企业。

（2）进行石油天然气的勘探、开采、冶炼、工业化、运输及销售的企业。

（3）进行电力生产、运输及分销的企业。

与此同时，该法还规定以下活动可以免缴纳该项税收：国家、省政府、市政府、公立大学、地区发展组织等机构的有关活动。

第13622和21520号法律：关于唯一纳税人登记证的设立、有效期和使用方法。

第14379号法律：关于贸易业务登记注册法。第224190号最高法令：规定了设立工业保税区、贸易保税区和仓库终端，制定了关于临时进口商品、简化进口手续、货物空运及海关办理进出口货物的有关规定。

第 24946 号最高法令：成立玻利维亚促进中心。

第 24440 号最高法令：制定了出口商品临时进口的有关规定，即允许中间产品和原材料免缴进口税临时进入玻利维亚境内，经过再加工后成为出口产品。

第 1489 号法律和 23944 号最高法令：1998 年 4 月 16 日颁布，规定了向出口商退还为加工出口商品而进口某些原材料时所缴纳的进口税和关税，这条规定体现了在税收政策上中立的原则。

第 843 号最高法令：2004 年 12 月 20 日颁布，有关税收改革，旨在对 2000 年 8 月 11 日发布的 25870 号最高法令《海关总法细则》进行一些修改以及批准 1999 年 7 月 28 日 1990 号法《海关总法》、1986 年 5 月 20 日 843 号法《税收改革法》及 2003 年 8 月 2 日 2492 号法《玻利维亚税收法》规定的相关内容。

2. 投资行业规定

1990 年 9 月 17 日颁布的玻利维亚《投资法》旨在促进和保障在玻利维亚企业的投资。该法规定，国内外企业享有同等的权利和义务，并享受相同的保障；对资金流入流出、将股息和其他盈利汇往国外均不加限制；保障货币自由兑换，对本币和外币提供多种银行服务；保障货物和劳工的自由出入；保障企业自由定价、组织生产和销售计划；保障企业将合同争议诉诸法律的权利；保障在合资（风险共担）模式下，本国和外国资本共同投资。

玻利维亚法律规定，距国境线 50 公里范围内禁止国内外私人资本进行投资，但以下特殊情况除外：

建设并经营用于输送和进出口石油天然气及其相关产品的管道；

建设并经营一切用于生产、连接、输送以及销售电能的设施；

建设并经营一切用于数据、信号、图像、声音及其各种信息传输的设施。

玻利维亚将油气、矿业作为未来国家经济发展的支柱产业，希望外资进入。但因其此前在上述两行业单方实施国有化措施，且未来政策走向不明，目前西方国家多持观望态度。

3. 投资方式及出资额度限制

玻利维亚允许外国企业通过独资、合资等方式在玻利维亚投资，但在同玻利维亚油气、矿产等领域国有企业合作的重大投资项目中玻利维亚方须占半数以上股份。

4. 外资企业的利润及汇出限制

玻利维亚《投资法》规定政府对国外企业资金流入流出、将股息和其他盈利汇往国外均不加限制。

五、融资政策

1. 外汇管理

玻利维亚对外汇实行管制政策，凡在银行提取、转让或汇出 1 万美元以上者需填写表格，详述资金来源和去向用途。在存取美元现金时，均收取 0.15%的金融交易税。银行账户所收外汇须按照一定比率缴纳金融交易税，外国驻玻利维亚使馆、国际援助项目和公益机构等可向玻利维亚税务机关申请免除缴纳。

个人可自由携带外币出入境，但携带数额超过 1 万元或等价外币时须填写申报单。

2. 银行机构

银行体系：玻利维亚的中央银行为玻利维亚中央银行。商业银行主要有圣克鲁斯商业银行、信贷银行、联合银行、玻利维亚国家银行、比萨银行、牧业银行、安第斯信贷促进银行和共同银行。

中资银行：目前中国国家开发银行已在拉巴斯设立工作组。

3. 融资条件

玻利维亚各大银行和信用社均对企业或个人开展融资业务，一般情况下借款人须向银行提供固定资产担保（房产、汽车等），企业投资性项目的最高贷款比例是项目奖金额的 80%，个人贷款的额度不能超过个人贷款总额的 80%，同时月偿还能力不能超过收入的 1/2。如无法满足上述条件，需提供第三方财产担保。

玻利维亚金融业不发达，仅有几家私人公司经营证券业务，规模很小。玻利维亚证券交易所作为本国最重要的证券机构，旨在创建、发展、促进和管理多种融资工具。

据世界银行统计，2010 年玻利维亚国内上市公司共有 38 家，上市公司市场资本总额为 33.38 亿美元，股票交易总额为 1 100 万美元。

玻利维亚证券市场虽小，仅数家私人公司参与经营，对外资公司参与无特殊限制，外籍居民需取得在玻利维亚居留许可后方能开户参与证券交易。

六、劳工政策

1. 劳动力供求状况

玻利维亚劳动力供应相对充裕，但高级管理人才和技工较为短缺，一般工人文化水平不高，无法胜任部分对专业技能要求较高的岗位。

玻利维亚本国现有劳动力基本可满足一般行业需求，部分能矿、通讯行业的关键技术岗位需外聘专家。

2. 劳动就业规定

劳动合同期限：玻利维亚有比较健全的《劳工法》和劳工行政管理部门。与雇员签约务须慎重，一经签订劳动合同，须按合同条款严格执行。

玻利维亚工会力量较强大，经常以大规模游行示威的方式寻求解决劳动纠纷，政府对此亦存忌惮。中国企业应谨慎同雇员依法签订用工合同，并严格执行，避免矛盾激化。

报酬和额外薪金：2010 年玻利维亚城市居民实际平均月工资为 1 920 玻利维亚诺（约合 272 美元）。全国最低工资标准为 92 美元。

技术人员和高学历人员：2 000～3 000 美元/月，技工/普通雇工：5 600玻利维亚诺（800美元）/月，带班工人：3 000玻利维亚诺（430美元）/月，普通工人：2 000玻利维亚诺（285美元）/月，司机：2 000玻利维亚诺（287美元）/月，高级律师：2 000～3 000美元/月，按件收费。近两年，玻利维亚工人工资的涨幅高达25%。

每年圣诞节还需给员工发第13个月工资，标准为连续工作时间超过一年的员工发放一个月工资额度。每满一年，员工的法定假期为15天，满一年以后，员工的法定假期为15天，满5年以后，每年30天，并按工作时间比例发放津贴额度。辞退员工需另付约6个月的实际工资。

劳动时间：关于女职工怀孕产假、事假、工伤假、节假日休息、加班工资等事宜，玻利维亚法律均有特殊规定。

辞退赔偿：玻利维亚《劳工法》规定，在合同有效期内，无特殊理由辞退员工，雇主须付相当于其3个月工资的遣散费。

雇主的其他义务：任何雇主一旦被员工举报或被劳工行政管理部门查到未履行玻利维亚劳工法，将被强制执行，并须缴纳罚款。

企业社会保险的缴纳：玻利维亚《劳工法》规定，雇主必须按月为雇员缴纳社会医疗保险费（工资的10%）、社会养老保险费（工资的1.71%，并代扣雇员自己应向国家交的12.21%的数额）、人身保险费（工资的2%）。

3. 外籍人员工作的规定

玻利维亚失业率较高，2010年失业率达到6.5%，许多人到海外谋生。根据玻利维亚《劳动法》第三章规定，所有企业或组织雇佣外国技术劳工，数量不能超过企业总雇工人数的15%。外籍劳工须取得由劳工部移民司颁发的劳工证方能在玻利维亚工作。

劳工部劳工移民处负责接收劳工批准文件，并前往公司所在地进行核查后宣布批准或拒绝申请。如果申请获通过，劳工移民处将填写表格，一式四份，分别寄往：劳工移民档案室、劳工市场司、雇主和申请人。完成所有手续、申请获准后，劳工移民处将发放外籍劳工证。

劳工部劳工市场司劳工移民处负责管理本国境内的外籍劳工。省级劳工管理部门负责向劳工市场司报告注册情况、绘制数据图及季度报告。获得劳工批准文件的外籍人士将由劳工移民处负责在外籍劳工系统注册。

由于玻利维亚对中国人员实行严格的签证政策，对中国企业赴玻利维亚投资造成较大影响。玻利维亚警方可能对“中国面孔”较为敏感，经常抽查身份证件，如无法出示有效证件且语言不通者，或被带至拘留所进一步审查。建议中国赴玻利维亚人员在玻利维亚活动期间随身携带护照和有效签证复印件。

4. 工作证办理

主管部门：外国人赴玻利维亚工作需办理工作许可，玻利维亚移民局负责有关事务。

提供资料：申请者须赴玻利维亚大使领馆，提供包括护照、银行存款证明、黄热病疫苗注射证书、邀请函等在内的文件资料。

七、农业保险和外商农业投资保险政策

在玻利维亚开展投资、贸易、承包工程和劳务合作的过程中，要特别注意事前调查、分析、评估相关风险，事中做好风险规避和管理工作，切实保障自身利益。包括对项目或贸易客户及相关方的资信调查和评估，对项目所在地的政治风险和商业风险分析和规避，对项目本身实施的可行性分析等。企业应积极利用保险、担保、银行等保险金融机构和其他专业风险管理机构的相关业务保障自身利益。包括贸易、投资、承包工程和劳务类信用保险、财产保险、人身安全保险等，银行的保理业务和福费廷业务，各类担保业务（政府担保、商业担保、保函）等。

建议企业在玻利维亚开展对外投资合作过程中使用中国政策性保险机构——中国出口信用保险公司提供的包括政治风险、商业风险在内的信用风险保障产品；也可使用中国进出口银行等政策性银

行提供的商业担保服务。

中国出口信用保险公司是由国家出资设立、支持中国对外经济贸易发展与合作、具有独立法人地位的国有政策性保险公司，是我国唯一承办政策性出口信用保险业务的金融机构。公司支持企业对外投资合作的保险产品包括短期出口信用保险、中长期出口信用保险、海外投资保险和融资担保等，对因投资所在国（地区）发生的国有化征收、汇兑限制、战争及政治暴乱、违约等政治风险造成的经济损失提供风险保障。

如果在没有有效规避情况下发生了风险损失，也要根据损失情况尽快通过自身或相关手段追偿损失。通过信用保险机构承保业务，则由信用保险机构定损核赔、补偿风险损失，相关机构协助信用保险机构追偿。

八、我国已经与合作国所签署的双边投资保护协定

1. 双边投资保护协定

1992 年 5 月，中国和玻利维亚签署《中华人民共和国和玻利维亚共和国政府保护投资协定》。

1992 年 5 月，中国和玻利维亚签署《中华人民共和国和玻利维亚共和国政府保护贸易协定》。

2. 其他协定

2009 年 12 月，中国和玻利维亚签署《中华人民共和国政府和玻利维亚共和国政府经济技术合作协定》。

九、有关农业生产、收储、加工、流通的其他鼓励或限制政策

【进口许可】 玻利维亚的进口许可制度由海关和商检公司执行。

海关的主要职能是对商品进行检查，下令扣押，审核商品的质量、数量和价格申报，有权要求外贸的操作者提供有关进口的全部文件，控制和监督外贸的运作过程，征收关税和进口税，了解和调查走私及偷漏关税的案件。

商检公司：自 1986 年起，监督和审查对外贸易运作的任务交给了国际贸易的商检公司负责完成。其职能是依照买卖双方签订的合同中关于对商品的数量、质量和价格的规定审核商品是否符合合同规定的条件。如果符合合同要求，由商检公司负责签发同意的文件。

此外，玻利维亚设有“一站式出口系统”。该系统的建立旨在方便、简化和集中所有出口手续，全部手续可以只在一个系统完成，其主要职能为办理出口商唯一登记注册手续、办理出口环节所需的所有文件、办理出口手续以及发放原产地证书。

【检验检疫措施】玻利维亚国家农牧卫生和食品无害局负责对进出口商品以及入境旅客携带物品进行检查，确保其符合相关检验检疫规定。

古　　巴

一、投资者国民待遇

古巴对我国实行国民待遇和最惠国待遇。1995 年 4 月，中国和古巴双方签署的《中华人民共和国政府和古巴共和国政府关于鼓励和相互保护投资协定》第三条第一款指出：缔约任何一方的投资者在缔约另一方的领土内的投资和与投资有关的活动应受到公正与公平的待遇和保护。第二款指出：本条第一款所述的待遇和保护不应低于其给予任何第三国投资者的投资及与投资有关的活动的待遇和保护。第三款指出：本条第一款和第二款所述的待遇和保护，不应包括缔约另一方依照关税同盟、自由贸易区、经济联盟、避免双重征税协定和为了方便边境贸易而给予第三国投资者的投资的任何优惠待遇。

二、土地政策

1. 土地资源及土地价格

农业资源：古巴大部分地区属热带草原气候。5～10 月为雨季，11 月至次年 4 月为旱季，相对湿度为 81%，年平均气温为 25℃，年降水量为 1 000 毫米以上。古巴的气候条件培育了多样的热带植物，有超过 6 500 种种子植物。东部的森林尤为广阔，有王棕等棕榈科植物 30 余种。盛产贵重的硬木，有桃花心木、红木、檀木、墨水树、古巴松等。近年来，古巴森林覆盖率持续增长，2012 年达 27.2%。硬毛鼠和各种蝙蝠广布于古巴。137 种鸟类中具代表性的有秃鹰、蜂鸟、火烈鸟、野生火鸡、金刚鹦鹉和雀科鸣禽。105 种爬行动物全部无毒，包括古巴彩龟、美洲鳄和特有种古巴鳄。鱼类和甲壳动物中，珊瑚礁鱼类、陆地蟹、鲨鱼、鲷鱼和金枪鱼的种群数量相当丰富。

古巴的领土总面积为 110 861 平方公里，地势比较平坦，山地只占总面积的 1/4，无独立山丘，可耕地达 6.6 万平方公里，利于发展大规模机械农业。传统上，除了甘蔗和烟草，大米、海鲜、蜂蜜、咖啡、马铃薯、菜豆、柑橘和畜产品也是古巴主要的农副产品。粮食依赖进口，长期实行定量供应，农业机械与耕牛共存。全国所需粮食一度有 80%靠进口，每年食品进口费用高达 15 亿美元。为此，政府从 2008 年起开始以承包形式向农民提供闲置土地，以增加农业产量，减少食品进口，为了缓解农药缺乏和环境污染的压力，在有机农业工作组和各个食虫动物与昆虫病原微生物生产中心的支援下，古巴目前有大约 60%的农民从事种植业与畜牧业一体化的有机农业生产。

土地、房屋租金及价格：目前尚不允许外资企业在古巴进行土地和房屋买卖交易。工业厂房、办公楼、住宅的租金约为每月 20 美元/平方米。合资企业通常由古方提供土地或厂房作为股份，根据合资企业章程决定每平方米土地的价格。

2. 土地投资政策

根据古巴《外国投资法》的规定，经过古巴政府批准的外国投资企业，可以在政府主管部门安排下，获得办公用房、厂房和住房。

不动产投资的投向限定为：①用于私人住所或以非常住古巴居民旅游为目的的住宅和楼宇；②外国法人的住宅或办公场所；③以旅游为目的的物业开发。购买或转让不动产应遵循的条件和期限由批文确定并需遵守现行法律。以旅游为目的的项目开发，可允许租用土地，租期90年。

2011年4月，古巴共产党第六次代表大会讨论通过了古巴经济模式更新的纲领性文件《党和革命经济社会政策方针》（以下简称“方针”），《方针》深化农村经济体制更新，进一步改进土地承包制。这是古巴经济体制更新的核心内容。关键是给农业生产者更大的自主权，调动农民生产积极性和劳动效率，以提高粮食自给率，降低食品进口依存度，改变古巴食品80%依靠进口的局面，减轻政府财政负担。《方针》提出后，开始实施将闲置的国有土地承包给合作社或个体农民。古巴全国有625万公顷的耕地，其中，约有150万公顷国有农场的土地处于闲置状态。从2008年开始，古巴对这些土地试行承包制，即将国有农场的闲置土地无偿承包给农民耕种。截至2011年，已有16万农民承包了约100万公顷的土地。

随着《方针》落实，古巴逐步放宽部分领域吸引外资的限制。例如，将投资兴建高尔夫球场的外国投资者土地租用期限从50年增加到99年，等等。

三、税收政策

1. 税收制度和主要税率

税收制度：1994年8月4日古巴通过的第73号法令（Ley No. 73 del Sistema Tributario），对各类税收标准做了具体规定。根据古巴《外国投资法》，涉及合资和合作企业的五种税收有所得税、劳动力雇佣税和社会保险金、关税、机动车运输税和印花税。

据古巴《格拉玛报》2012年12月14日报道，新税法将于2013年1月1日开始正式实施。新税法将取代1994年颁布实施的《古巴税收制度法》。较1994年的税法规定的11个税种，新税法增加了7个新税种，即农林业用地闲置税、海滩开发使用税、河流排污税、港湾开发使用税、地下水资源使用税、林业资源和野生动物资源开发使用税及关税。同时，新税法还增加了用于社保的新权益金：地方发展土地税。根据新税法规定，《2013年国家财政预算法》明确以下税务减免规定：

（1）免除农牧业生产者的个人所得税的年度缴付，但仍需交纳税率为5%的农牧产品销售税。

（2）免除不属于甘蔗生产行业的农牧业生产合作社（CPA）、合作生产基础单位（UBPC）2013年度所得税的缴付，免除所有信贷和服务合作社（CCS）2013年度所得税的缴付。

（3）农牧业生产合作社、合作生产基础单位将缴付税率为5%的农牧产品销售税。

（4）最近毕业但未分配工作、且开始从事个体劳动者或其他非公有经济模式工作的毕业生，免除其在工作第一年的纳税义务。

（5）地方发展税仅适用于在马亚贝克省、阿特米萨省设立的古巴公司，税率为公司毛收入的1%。

2013年暂不征收以下税项：①工资收入所得税、住房及荒地财产税；②收取可兑换比索（CUC）的商品零售商、资本货批发经销商，其应缴纳的销售税、服务税、产品和服务特别税；③农业土地的产权和拥有权税；④地下水资源使用税；⑤海滩开发使用税；⑥农林业土地闲置税；⑦河流排污税。

2012年7月23日古巴全国人大批准了关于税收体制的第113号法律，10月31日古巴部长会议颁布了第308号政令，规定了实施新税法的通则及相关流程。从2013年1月开始逐步审慎地实施新税法。1994年第73号法律、1997年第169号法令及此前由古巴财政与价格部颁布的将近200个规范国家税务的规章予以废止。

主要税率：

【农业税】农牧产品销售税税率为5%。

【公司所得税】合资企业、合作企业的所得税为30%，经部长会议执行委员会批准，对于再投资的利润可部分或全部免交所得税。但开发自然资源项目的税率可提高到50%。独资公司的税率为35%（古巴国营企业的税率也是35%）。

【个人所得税】在独资、合资和合作企业中工作的外国雇员不必交纳个人所得税。

【劳动力雇佣税和社会保险金】劳动力雇佣税为合资企业名义工资基数的11%。社会保险金为合资企业名义工资基数的14%。独资企业缴纳劳动力雇佣税是名义工资基数的25%，不缴纳社会保险税。名义工资是指除去发给职工奖励基金以外的古巴雇工得到的全部工资和其他收入。25%的名义工资基数税（劳动力雇佣税和社会保险税）由合资企业支付给古巴雇员公司，雇员公司再把收到的全部税收交付给国家预算部门。

【机动车运输税】对企业车辆和从事运输的车辆征收运输税。

【印花税】在古巴申请注册公司、资格认证和发放许可时，需按规定缴纳印花税。根据活动类别的不同，印花税的税率也不同。

2. 关税政策

关税政策：古巴是联合国及其专门机构的创始成员之一，也是世界贸易组织的创始成员之一。古巴设置海关关税最惠国。海关税采用从价计量。简单平均约束关税税率是21.4%，其中农产品37%，非农产品9.4%；最惠国的简单平均关税税率10.58%，其中农产品10.67%，非农产品10.78%。某些敏感产品税率较高，最惠国待遇税率也达到30%。[①]

农产品关税：农产品关税税率一般为37%，最惠国税率为10.67%。在古巴没有进出口许可证或其他旨在限制外贸的关税法规。但有一些出于保护濒危物种、保护动植物贸易顺差目的的健康记录等的控制措施。

① http://www.aduana.co.cu.

3. 投资税收优惠政策

【关税优惠政策】对外企来说，作为投资入股的资本货物、生产资料和交通工具的进口可以申请免税，用于生产出口产品的原料和原材料的进口也可以申请免税。但要在合资企业合同及其协议附件中确切地写清合资企业需进口的物品。合资企业的任何出口产品均可以免缴关税。

【特别关税区、保税区】根据 1996 年 6 月 3 日颁布的第 165 号法令《保税区和工业园区法》（Zonas Francas Y Parques Industriales），在古巴保税区和工业园的外国投资者可以享受在海关、金融、税务、劳务、移民、公共秩序、投资及外贸等方面的特殊政策。

主要保税区包括：贝罗阿（Berroa）、瓦哈伊（Wajay）和马列尔（Mariel）保税区。其中，贝罗阿保税区位于哈瓦那东部，距离港口 10 公里，占地 244 公顷。瓦哈伊保税区设在哈瓦那国际机场附近，位于哈瓦那西南部，距离港口 19 公里，占地 13.47 公顷；马列尔保税区位于哈瓦那西部，距离哈瓦那 43 公里，占地 489 公顷。古巴从 2011 年 2 月开始在马列尔保税区建设经济发展特区，目前正在研究制定相关的经济鼓励政策，预计相关鼓励政策将在 2012 年年底至 2013 年陆续出台。

在保税区和工业园建立的外资企业，享受以下优惠政策：

（1）关税：免缴批准的业务范围内所需的产品进口关税及其他海关税收。

（2）税收：从事生产经营的所得税、劳动税享受 12 年免税、5 年减半缴纳的优惠。贸易及服务行业则为 5 年免税，3 年减半。特殊项目还可特批。

（3）内销：区内企业可将 25%的产品在古巴国内市场销售。

（4）劳务：技术岗位的高级管理人员可直接聘用长期居留的非古巴籍自然人。

目前，有部分中资企业在当地保税区内通过报税仓库，存储货物和备件，没有在保税区内设立工厂或企业。

四、投资政策

1. 投资主管部门及相关法规

投资主管部门：古巴主管外国投资的政府部门包括部长会议执行委员会或政府的专门委员会，主要负责外资项目审批；外贸外资部（Ministerio Del Comercio Exterior Y La Inversion Extranjera，MINCEX），负责外资法规的草拟、执行，外资项目的审批上报和监督。

投资法律法规：古巴关于投资合作的主要法律是《外国投资法》（Nueva Ley De La Inversion Extranrera）。

1995 年 9 月 5 日，古巴颁布了第 77 号法《外国投资法》，放宽了外国投资条件。该法规定，除国防、卫生保健和教育外，所有经济部门都向外国资本开放；外国投资者可采用合资企业、国际经济联合体及外国独资公司的形式在古巴投资；外国独资企业，也可购买房地产（现已中止）和在保税区、出口加工区投资；国外的古巴侨民可回国投资。投资法规定了对投资者的各种保障：国家保护外资并保障外资的安全；根据法律规定，在公共和社会利益需要时，可征收外资，但将给予必要的补偿；外国投资者可随时出售或转让其全部投资，并可向国外自由汇出利润和资本。但在实际实施过程中存在一些出入。

2. 投资行业规定

1995 年 9 月 5 日，古巴颁布了第 77 号法——《外国投资法》，放宽了外国投资条件。该法不仅为外国投资者提供了司法保障，也有利于加强古巴同外国企业界、金融界的联系。古巴投资法规定，除卫生、教育和非企业性军事部门外，所有领域均对外开放。但在执行上确有一些不成文的行业政策，大致可分成三种：

【政府鼓励的投资行业】包括旅游宾馆、石油勘探与开采、矿业勘探与开采、基础行业、渔业及产品全部出口的项目。

【政府限制的投资行业】主要是批发零售业、餐饮娱乐、交通运输、外贸等服务性行业及银行保险等金融业务。

【政府实行部分限制的行业】主要是指以国内市场为主并能起到替代进口作用的项目。

【区域优惠政策】根据古巴1996年6月3日颁布的第165号法令《保税区和工业园区法》(Zonas Francas Y Parques Industriales)，在古巴建立和发展保税区和工业园，为外国投资提供新的机会，同时为国家创造新的就业机会、外汇来源并促进技术、经济和社会发展。园区内的外国投资者可以享受在海关、金融、税务、劳务、移民、公共秩序、投资及外贸等方面的特殊政策。

3. 投资方式及出资额度限制

外国在古巴投资企业的形式主要三种，即合资企业（Empresa Mixta)、国际经济联合体（Asociation Economica Internacional）和外商独资企业（Empresade Capital Totalmente Extranjero)。

【合资企业】合资企业是指组成一个不同于投资各方实体的，但具有独立法人资格的经济实体，采取记名股票的股份有限公司形式，由一个或几个古巴投资企业与一个或几个外国投资企业作为股东投资参股组成的公司。由成立的合资公司董事会对其进行领导和管理。古巴合资公司一般有两种模式，合资贸易公司（Empresa Mixta Comercializadora）和产贸结合型的合资公司（Empresa Mixta Combinada Produccion Con Comercio)。合资贸易公司并非是一种纯进出口贸易公司，它必须向某一生产企业提供原材料、设备和技术，包销出口企业的产品。产贸合资公司既可以从事生产，又可以进出口与其生产有关的产品。

古巴方一般以土地使用权、建筑物、现有设备和基础设施入股，土地上的建筑物与土地使用权价值由古巴政府批准的专业评估公司评估。古方一般要求占大股，最多双方各半。

【合作企业】合作企业不是独立法人，而是通过签订合同成立一个“联合体”，用合同条文来确定各自的权利和义务。这是古巴目前利用外资中最多的一种形式。

【外商独资企业】 古巴法律允许外国投资者成立外资资本为100%的独资公司，但对独资公司的审批十分严格，必须取得最高领导机构的认可同意，只有关系到古巴特殊经济利益才有可能获得批准。目前，古巴仅批准过极少数的独资公司。

投资其他相关规定：外国投资项目的审批机构为部长会议执行委员会或政府的专门委员会，具体项目的审批报告由古巴外贸外资部审查后报给上述两机构批准。部长会议执行委员会直接审批的项目包括：①成立外国独资公司；②外国企业涉及外国政府资本参与；③涉及公共服务业的开发，包括交通、通讯、水利、电力、公共设施等项目；④涉及环保和自然资源的合理使用或资源开发项目；⑤涉及转让古巴国有资产和国有产权项目；⑥涉及军队企业的项目；⑦投资金融为 1 000 万美元以上的项目。

2011 年 4 月，古巴共产党第六次代表大会讨论通过的古巴经济模式更新的纲领性文件《党和革命经济社会政策方针》重新指出：要坚持以社会主义全民公有制作为所有制主要形式的前提下，允许、承认并鼓励外资企业、合资企业、个体劳动者等其他所有制形式，使所有制形式多样化；允许承认合作社、土地承包和租赁等经营形式。

4. 外资企业的利润及汇出限制

根据古巴相关法律规定，外国企业（含各类外资企业）可在国家银行系统的任何银行开立外汇账户，进行业务活动。允许外国企业自由汇出利润和转移资本。

第 77 号法令第 8 条规定，经古巴有关银行同意，外籍雇员可以将 66%的工资收入以自由兑换货币汇出古巴境外。

五、融资政策

1. 外汇管理

古巴货币实行双轨制，分为古巴比索（Peso Cubano，CUP）和可兑换比索（Peso Convertible，CUC，1995 年 1 月开始流通）。

根据规定，古巴比索不能与外币自由兑换。可兑换比索可在银行或指定兑换点，按国家公布牌价与美元、欧元等货币相互兑换。1美元=1可兑换比索（2011年3月14日调整，加收10%的手续费）；1可兑换比索=24古巴比索。

2003年7月起，古巴政府开始加强对外汇的管制。古巴企业在对外交易中收到的美元由古巴商业银行自动转为可兑换比索，其美元由商业银行交付给中央银行。企业进口或涉外合同中所需的外汇，经批准后，则可从银行购买。

2004年10月起，古巴政府宣布，为应对美国日益加剧的金融封锁，古巴中央银行决定实行2004/80号决议。决议规定停止美元在古巴全境流通，改用可兑换比索（CUC）进行交易，同时对美元现金征收10%的使用税。目前，美元不能在古巴直接流通，必须按汇率兑换为古巴可兑换比索（CUC）并在一定范围内流通，如超市、连锁商店、旅游饭店等，也可购买紧俏物资，如燃油、建材等。2011年3月12日，古巴中央银行货币政策委员会决定将可兑换比索与美元的汇率重新恢复为2005年4月8日之前的1∶1，10%的手续费仍然保留。

2. 银行机构

银行体系：1997年6月，古巴中央银行成立，承担监督和调控银行体系运作、发行货币、制定并执行货币借贷和汇率政策、谈判外债等职能。

古巴国民银行是古巴最大的商业银行，1948年12月成立。1997年5月起不再承担中央银行职能而改为商业银行，主要承办对国家有重大影响项目的贷款、转贷或担保业务，不办理存款和储蓄业务。

古巴现有9家商业银行、14家非银行金融机构、11家外资银行代表处和4家外资非银行金融机构代表处，尚无外资机构获得营业许可。

中资银行：目前古巴没有中资银行，中国国家开发银行在古巴驻有工作组。

3. 融资条件

1982 年颁布的《第 50 号法令》和 1992 年颁布的《古巴共和国宪法》针对外商和经济联合体获得外汇贷款问题做了明确规定，合资企业和其他形式的经济联合体可以从古巴国家银行系统中的任何银行获得外汇贷款，也可以根据古巴国民银行的规定，从任何一家外国银行或外国金融机构获得外汇贷款。此外，古巴银行还进一步加大对外开放的步伐，向外商提供优于国际信贷市场价格的外汇资金。

古巴对外商及其企业（古巴国家外贸专业公司除外）获得外汇贷款途径做出具体规定：

（1）为了保证合资企业和其他形式的经济联合体的顺利发展，古巴允许外商及其企业从国外信贷机构获得资金，古巴国家银行及其国家银行系统中的任何一家银行将对此给予支持。为便于外商和企业从国外获得信贷，古巴银行将出具任何形式的担保。

（2）古巴国民银行或古巴银行系统中的任何银行向合资企业和其他形式经济联合体，提供其获得信贷的一切便利条件。

（3）由古巴国民银行或古巴银行系统中的任何银行发放的外汇贷款，一般情况下不得超过 1 年。但在特殊情况下，也可以申请延长信贷期限。对于投资项目的贷款，则根据国际惯例决定其偿还期限。

（4）古巴国民银行或古巴银行系统中的任何银行向外商及其企业发放外汇贷款的条件是：合资企业和其他形式的经济联合体要拥有一定的偿还的能力，至少其财力要与其向银行申请的贷款相一致。

（5）合资企业和其他形式的经济联合体在向古巴国民银行或古巴银行系统中的任何银行申请贷款前，必须要向古巴国际保险股份公司提交企业财产清单，在清单中必须要列出下列几项内容：原材料、半成品、其他可以用作附属担保品的资产。

（6）古巴国民银行或古巴银行系统中的其他银行确定的货币利率，主要是指外汇利率，是根据同期该货币的国际利率来确定的。

但在特殊情况下，古巴银行也将参照该货币在国际上某些国家的金融交易市场的情况实行优惠外汇利率。

（7）根据古巴银行要求，外商及其企业要向古巴国民银行或古巴银行系统中的任何银行提交有关经济联合体的一切资料，以便古巴银行评估其获得贷款的能力和资格。

（8）为使合资企业和其他形式的经济联合体的产品销售到国外市场，古巴国民银行或古巴银行系统中的任何银行将为外商及其企业提供更加广泛的信贷领域。

（9）古巴国民银行或古巴银行系统中的任何银行不得因合资企业或其他形式的经济联合体的外方为了增加其注册资本而向其提供贷款。

（10）古巴国民银行或古巴银行系统中的任何银行不提供美元贷款。

六、劳工政策

1. 劳动力供求状况

2010 年，古巴全国共有 514.69 万就业人口，其中男性 318.0 万，女性 196.7 万，失业率为 1.6%。就业人口中，34.3%从事农牧渔业、矿业、工业制造业、建筑业等基础产业，20%从事水电气、商业、酒店、运输、物流、通讯等基础服务行业，45.6%从事金融保险、不动产、社会服务等其他服务行业。2011 年，古巴职工月均工资 455 比索，同比增长 1.56%。

古巴本土就业尚未饱和，对外籍劳务需求量十分有限。古巴政府鼓励国内外企业雇用当地居民和拥有长期居留权的外国人。包括外企在内，只有在当地难以满足的高级经营管理岗位和技术岗位，可以雇用外国人，但是要经过严格审批。

2. 劳动就业规定

劳动合同期限： 2010 年 8 月 1 日，古巴国务委员会主席劳尔·

卡斯特罗在全国人民政权代表大会期间发表讲话说，将“更新古巴经济模式”。美联社称古巴经济95%是国营经济。劳尔·卡斯特罗当年4月在一次讲话中提到，古巴全国500万国营企业职工中，100万人属于富余劳动力。他呼吁“裁减国营领域的富余劳动力”。“下岗职工将接受培训、重新就业，但个别国营行业将不会面临裁员。”“古巴部长会议同意扩大个体经营岗位，个体经营岗位能为失业者提供就业出路。”“政府鼓励更多民众给自己打工、雇用员工，在今后5年内为大约100万名下岗职工提供就业机会。”“政府将采取措施放松在发放私营许可证上的限制……（让私营企业者）更灵活地雇用劳动力。”这个改革将带来古巴劳动合同期限上的改革，例如，以往古巴司机一旦和国营公司签了劳动合同以后，就很少会出现被解聘的情况，前6个月是实习期，实习期过后只签一次合同，几乎就是终身合同，而这种情况将成为过去。

2012年1月29日，古巴正式取消公职官员终身制。古巴规定担任国家和政党重要官员最长任期不得超过两届，每届任期为5年。

2012经济全球化与工会国际论坛中，古巴工人中央工会组织书记雷耶斯表示，古巴工会注重通过签订集体合同提高工人工资、改善劳动条件，但对于民主权益、发展权益涉及有限。

报酬和额外薪金：古巴政府一直推行平均工资制度，工资都被划分为几档。

【工资】独资、合资公司以美元向雇员公司支付当地工人工资。雇员公司按古巴劳动部规定的工资标准向当地工人发放比索工资。合作企业工人的比索工资由古方负责发放。2011年4月，古巴共产党第六次代表大会讨论通过的古巴经济模式更新的纲领性文件《党和革命经济社会政策方针》指出要取消工资最高限额，允许职工和大学生兼职，挣两份或两份以上工资。

【奖金】独资、合资公司和合作企业可从其盈利中拨出部分资金作为奖励基金用以奖励职工，奖励基金一般用来发放实物和古巴比索，也可以外出度假，经批准也可以发放美元。基金不计入类似雇佣税和社会保险税的工资基数，但数额必须同古巴主要部门共同商定。

劳动时间：实行5天或5天半工作制，每天工作8小时。全国性假期一年8天，全年280个工作日。孕妇生育休假6个月，发放60%工资，还可留职停薪6个月。退休年龄为男60岁，女55岁，或工龄超过25年。

辞退赔偿：2011年4月，古巴共产党第六次代表大会讨论通过了古巴经济模式更新的纲领性文件《党和革命经济社会政策方针》，指出要优化国有部门就业结构，减少冗员。具体而言，在推进国有部门人员的下岗分流工作中，从2010年9月13日开始，到2011年3月底，对国有部门（包括各部委及其下属单位和国有企业）50万人实施下岗分流。其中，计划引导约25万人从事个体劳动，其余25万人可组建城市合作社或选择到有空缺岗位的国有单位（如农场、建筑业、警察局等）工作。根据古巴官方公布的计划，将在3年内辞退占全国国有部门员工总人数25%，即110万名职工，并对其进入个体经营领域进行引导。由于实际操作难度较大，此计划已经放缓。

雇主的其他义务：外资企业需要向职工提供的福利包括：①一般免费或象征性收费提供一顿午餐；②派班车接送住得远的职工；③提取2%的社会保险税资金用于企业的劳动保护医疗费用，其余12%社会保险税交付国家。

企业社会保险的缴纳：社会保障制度预算独立于国家预算，雇主缴费和中央政府预算是两个基本来源。雇主的缴费比例为工资总额的14%，其中12%用于长期社会保障，2%留作短期社会保障。绝大多数工人无需为社会保障缴费。农业合作企业内的工人需要缴纳其销售额的5%，渔业工人需缴纳工资总额的5%，画家和雕刻家缴纳工资的12%。古巴实行全民社会保险，企业对职工家属子女不承担任何法定义务。

3. 外籍人员工作的规定

古巴不允许外国人移民古巴。根据古巴《投资法》的规定，为外国投资企业服务的劳动者，必须是古巴人或常住古巴的外国人。

合资企业的某些高级领导职务或专业技术性工作岗位上的职务，可由外国雇员担任，其他工作应由古巴人担任。雇佣外籍雇员应由合资企业各方共同决定，并写入公司合同中，明确专有技术岗位、外国雇员数量及其职能。外国雇员应有临时居住证和劳动许可证。法律对在外企中工作的外国人人数虽无明确规定，但控制较严，一般企业只允许3～4人，并规定要申请工作许可。部分技术岗位的高级管理人员可直接聘用具有长期居留的非古巴籍自然人。

4. 工作证办理

主管部门：古巴劳动社会保障部（工作许可办公室）。

工作许可制度：外国人赴古巴工作，必须获得古巴当地有关部门签发的工作许可，并在古巴驻在国使领馆办理工作签证。古巴外国企业法规定，外资企业实行特殊的劳动用工制度。主要内容包括：

（1）为外国投资企业服务的劳动者，作为一般规定，必须是古巴人或长住古巴的外国人。合资企业的某些高级领导职务或专业技术性工作岗位上的职务，可由外国雇员担任，其他工作应由古巴人担任。

（2）雇用外籍雇员应由合资企业各方共同决定，并写入公司合同中，明确专有技术岗位、外国雇员数量及其职能。外国雇员应有临时居住证和劳动许可证。

（3）独资公司和合资公司雇工必须通过由劳动社会保障部批准的雇员公司雇用，自己不能直接雇用，除非在投资批准书上有特别规定。合作企业雇工由古方负责按法律有关规定雇用。独资、合资公司与一般雇员之间不存在劳资关系，雇员公司同工人有劳资关系。

（4）独资、合资公司认为职工不称职或不符合要求，可以要求雇员公司调换，由雇员公司按有关法律的规定向该职工支付赔偿，独资、合资公司再按规定的程序给予雇员公司补偿。

申请程序：工作许可由在古巴的雇主企业向所在地有关主管部门提出请求，雇员取得工作许可后，向古巴驻在国使领馆申请工作签证。相关手续通常由当地邀请单位办理，需办理有效期为1年的临时居住证和工作许可证，由邀请单位出具邀请函申请工作签证，并经内政部移民局和驻外使馆的核准。

提供资料： 在当地办理工作许可证需要提供护照、邀请函及在古巴的雇主企业的申请表。

七、农业保险和外商农业投资保险政策

古巴的农业是从现代大规模机械密集、使用大量化肥农药肥料的单一经济作物耕种模式，改成小农合作社、人和动物密集、使用生物有机农药肥料、种植多元化作物、综合改善土壤品质的生态农耕，成功地从工业化农业向可持续农业转变。在农业转变过程中，古巴目前具有针对农业的保险政策，但长期以来古巴政府实行全民社会保险，暂时没有相关资料能显示存在农业方面的商业保险，以及外商在古巴进行农业投资时保险的待遇情况和专门针对外商的保险政策。而在外国网站上（如加拿大 CIDA：Canadian International Development Agency），可以见到该机构有对涉及古巴的国际发展项目，如加勒比地区的跨过农业保险投资项目，执行机构是加勒比发展银行，而古巴占据项目投资总额 120 万美元的 7.14%。

随着 2011 年 4 月古巴共产党第六次代表大会讨论通过的古巴经济模式更新的纲领性文件《党和革命经济社会政策方针》逐步落实，古巴在计划经济为主导的同时，将进一步促进市场发展，包括金融保险业的发展，市场信息也将具有更大的可见性，农业保险方面的政策制定和信息公开将得到深化。

八、我国已经与合作国所签署的双边投资保护协定

1. 双边投资保护协定

1995 年 4 月，中国和古巴签署《关于鼓励和相互保护投资协定》。

2007 年，中国和古巴签署《鼓励和相互保护投资协定（修订）》。

2. 其他协定

1993 年 6 月，中国和古巴签署《中华人民共和国政府和古巴共和国政府民用航空运输协定》。

1995 年 2 月，中国和古巴签署《中华人民共和国和古巴共和国文化、教育和科技合作协议》。

1999 年 5 月，中国和古巴签署《中华人民共和国政府和古巴共和国政府贸易协定》。

2001 年 4 月，中国和古巴签署《中华人民共和国和古巴共和国海运协定》。

2001 年 4 月，中国和古巴签署《中古关于对所得避免双重征税和防止偷漏税的协定》。

2003 年 7 月，中国和古巴签署《关于中国公民组团赴古巴旅游实施方案的谅解备忘录》。

2009 年 9 月，中国和古巴签署《关于中古进一步加强生物技术领域合作的谅解备忘录》。

九、有关农业生产、收储、加工、流通的其他鼓励或限制政策

古巴对各类动植物产品的进出口有检疫的要求，要求进出口产品符合古巴卫生检疫标准及其他关税和非关税规定。

【农产品和食品标准管理机构】古巴卫生部下属的国家食品营养和卫生局负责根据古巴标准制定食品及其他产品的注册登记条例。

【动物检疫】古巴农业部下属的国家动物医学所负责对动物及动物源产品的进出口做详细规定，主要涵盖范围包括：所有种类的动物活体，以任何形式保存或保留的动物体，所有用于消费、工业、装饰、试验和研究的动物产品；提供给动物消费的所有动植物源产品，微生物或寄生物媒介、血清、疫苗、激素、酵素及其他动物源产品，动物源的诊断或种植用培养基，任何可能传播动物疾病

的材料、产品或容器。

【植物检疫】古巴农业部下属的国家植物卫生检疫中心负责对进出口的植物源产品进行监控，主要涵盖范围包括：所有种类的植物活体及其部分、人工种植或野生植物的种子、所有天然或人工培育的植物源产品、饲料和草料、林业产品、任何可能携带害虫的容器和包装、土壤、有机肥料、植物源原材料、整烟叶、可能危害农业的有机物或微生物，以及任何可能携带疾病或害虫的媒介。

政府鼓励的投资行业中包括渔业及产品全部出口的项目。外国投资者可以享受以下优惠：

（1）盈利税税率为应税纯利润的30%，部长会议执委会考虑到国家的利益，如认为适宜可以部分或全部免除将纯利润在古巴再投资部分的盈利税。

（2）当开发可再生或不可再生资源的外国投资集中时，部长会议执委会可以提高盈利税税率，在此情况，税率可以提高到50%。

（3）关于劳动力使用税和社会保障税规定如下：①允许对劳动力使用税的现行税率打折扣，实行11%的税率；②社会保障税实行14%税率；③上述两条所说的税率按工资和其他不论以任何项目领取的职工收入综合征收。

（4）合资企业或国际经济联营合同中的外国投资者，免于交纳自交易利润中获得的个人收入的所得税。

（5）根据现行法律的规定，对本章所涉及的自然人和法人给予在海关制度方面的特殊便利。

（6）财政和物价部在听取外国投资和经济合作部的意见后，考虑到投资带来的利益和投资的数额、资本的回收和部长会议执委会关于优先的经济领域和国民经济带来的利益指示，可以暂时全部或部分地免税，或给予比特殊税制更多的其他适宜的优惠。

几 内 亚

一、投资者国民待遇

1. 投资者国民待遇

几内亚《投资法》规定，外国自然人和法人与几内亚国民间平等待遇。除几内亚共和国法律法规管辖外，在几内亚注册的外国自然人和法人在权利和义务方面，享有几内亚国民同等待遇。外国企业和侨民与几内亚企业和国民享有同等权利，并与之同样享受商标、专利、标签、商业名称所有工业产权的保护。外国企业和侨民与几内亚企业和国民在司法程序上一视同仁。

2. 最惠国待遇

几内亚和中国签署的“关于相互促进和保护投资协定”约定，中国投资者在几内亚境内的投资，享受完全和全面的保护和安全，并应始终享受公证与公平的待遇。几内亚应依据其法律和法规，为在其境内从事与投资有关活动的中国国民获得签证和工作许可提供帮助和便利。

在不损害法律法规的前提下，几内亚应给予中国投资者在其境内的投资及与投资有关活动国民待遇和最惠国待遇。

中国投资者在几内亚境内的投资，如果由于战争或其他武装冲突、全国紧急状态、叛乱、暴乱、起义或发生在几内亚境内的其他类似事件而遭受损失，几内亚给予中方投资者恢复原状、赔偿、补偿或采取其他措施的待遇，不应低于几内亚给予本国或任何第三国投资者待遇中较优者。

二、土地政策

1. 土地资源及土地价格

农业资源：几内亚沿海地区为热带季风气候，终年高温多雨；内地为热带草原气候，纬度较高，温度适中。5～10 月为雨季，11 月至次年 4 月为旱季。雨量充沛，全国年均降水量为 3 000 毫米，年平均气温为 24～32℃。

几内亚是农业国，农业人口占 80%。地形、气候多样，土壤肥沃，雨量充沛，河流众多，发展农业条件得天独厚。全国可耕地面积 620 万公顷，其中可耕水田面积 36.4 万公顷，目前土地面积只开发了 155 万公顷，其中水田只有 3.1 万公顷。几内亚 95%的耕地是以家庭为单位采用传统方式耕种。按地区划分，下几内亚主要生产粮食作物和热带水果；中几内亚主要是畜牧业；上几内亚主要生产稻米和花生；森林几内亚主要出产咖啡、橡胶、油棕榈等出口经济作物。可耕地面积约 600 万公顷，现仅开垦 110 万公顷。农业人口占全国人口的 3/4，由于耕种方式落后，农业产值不及国内生产总值的 20%，粮食不能自给。主要农产品和经济作物有稻米、玉米、小米、花生、木薯、香蕉、菠萝、咖啡、油棕榈等。大米为当地人的主食，本国不能自足，每年需进口 30 万吨大米。

2010/2011 年农季，由于雨水分布不均及生产资料进口困难，几内亚的粮食生产仅增长了 4.2%。粮食总产量为 413.1 万吨，比上年净增 13 万吨。其中，稻谷 164 万吨，玉米 72.5 万吨，佛尼奥(fonio，一种谷类) 25.8 万吨，木薯 116.7 万吨，花生 34.2 万吨。由于增加了种植面积，经济作物出口达到 10 万吨，同比增长 12.4%。其中，咖啡 2.94 万吨，同比增长 42.4%；可可 3.24 万吨，同比增长 17.3%；棉花 3 000 吨，与上年持平；棕榈油产量 2.75 万吨，下降 21.2%。

2011 年，几内亚牲畜存栏总数为 808.6 万头。其中，牛 470 万头，羊 150 万头，山羊 180 万头，生猪 8.6 万头，鸡 2 000 万只。

几内亚海岸线长 300 公里，沿海渔业资源较丰富，年捕捞量约 500 万吨，主要有虾、底层鱼、头足纲海产类等。2011 年，工业捕鱼（冷冻）2.6 万吨，人工捕鱼产品 7.5 万吨，淡水鱼 1 万吨。人工养殖水产品 200 吨。

几内亚森林储量居西非首位，森林面积 1 318 万公顷，占国土面积的 53.63%。全国共有 394 个林业保护区，面积 120 万公顷，主要出产红木、黑檀木等。

土地及房屋价格： 根据地区与地段，几内亚土地及房屋租金价格差异较大，远郊土地年租用费不及 1 美元/平方米，首都中心住宅和办公楼年租金平均 50 美元/平方米。

2. 土地投资政策

外国企业在几内亚境内获得土地的方式有两种：一是从政府租用土地；二是从私有土地所有者手中租赁或购买土地。

几内亚《土地法》规定允许土地私有。任何个人或企业、单位均可从几内亚政府租用土地或从私有土地所有者处购买或租赁土地，购买或租赁土地需提前到政府有关部门备案。土地开发需要经政府根据建设发展规划进行审核。当土地所在的位置涉及国家安全和地区安全时，政府有权利强制征用该区域土地，并根据相关法律对征用土地进行赔偿。

外资企业或外国人在经过几内亚政府审核、备案的前提下，可向政府租赁土地或向个人购买土地。购买后的土地所有权归外资企业或外国人长期拥有。租赁土地时，法律规定当投资超过 500 亿几内亚法郎可租赁 70 年，租赁土地最高年限为 70 年。

三、税收政策

1. 税收制度和主要税率

税收制度：几内亚实行属地税制，税收制度由以下法律构成：《税务总则》（Le Code Generale）、《关税总则》（Le Code Douanier）、《财政法案》（La Loides Finances）、《国家预算法》（La Loi Du Budget）。

主要税率：

【公司税（IS）】税率为35%。征税对象为在几内亚注册的国营和私营公司及不享受免税的法人。财务报表须在每个财政年度结束后4个月内呈报税务局。可允许连续5个财年亏损。国营农业合作社、非营利性商会和协会、享受《投资法》优惠政策的企业可享受减免税。

【收入税（IR）】收入在10万～2 000万几内亚法郎，征收10%～25%；2 000万几内亚法郎以上，征收40%。征收对象为在几内亚居住或在几内亚从事主要活动的自然人。外交使领馆人员免税。

【工资税】收入在3万～500万几内亚法郎，征收10%～30%；500万几内亚法郎以上，递减5%。外交使领馆人员、家庭补贴和军人津贴免税。

【非居住民的非工资收入税】税率为10%。按在几内亚提供服务的净收入征收。

【工商利润税】税率为30%，手工业者适用税率为20%。征收对象为不缴纳公司税的个人企业。

【非商业所得税】税率为30%。征收对象为自由职业者和知识产权拥有者。

【动产所得税】税率为20%。征收对象为定期存款、国库券、股票和有价证券。投资者3个月以上存款利息和在农、工、商、矿业领域的投资者免税。

【学徒税（TA）】年工资总额在30万几内亚法郎以上，征收3%。征收对象为发放工资和其他物质待遇的雇主。享受《投资法》或特殊协议优惠政策除外。有学徒培训计划和缴纳社会保险金的雇主、政府和集体免税。

【增值税】基本税率为18%。出口和国际运输增值税为零。征收对象为生产商、进口商和应纳税的服务商。当地购买或进口原料减免增值税。出售印花票、日报、食品或药品、化肥和农药、书本、二手商品免税。每月减收水费2万几内亚法郎；每月减收电费5万几内亚法郎。缴营业执照税者除外。

【附加税】指对啤酒和含酒精饮料所征收的特别税。不含酒精饮料：0.5升以下，每瓶或罐收取10几内亚法郎；0.5～1升，每瓶或罐收取15几内亚法郎。含酒精饮料：0.5升以下，每瓶或罐收取20几内亚法郎；0.5～1升，每瓶或罐收取30几内亚法郎。烟草：5%。

【保护税】为鼓励和保护本国企业，规定对进口的某些同类商品征收10%～15%的保护税。征收保护税的进口商品包括：面粉、果汁、矿泉水、含糖汽水、油漆和清漆、普通肥皂、蜡烛、塑料袋、餐具和其他塑料器具、椅子和塑料家具。

2. 关税政策

关税政策：几内亚实行自由贸易政策，几内亚于1995年10月加入世贸组织（WTO）。几内亚进口关税（DDE）：7%；米、奶、书及学生用品、棉布、鞋、冰箱、办公设备、建材和新车为2%。根据到岸价计征。享受《投资法》免税条款的公司免缴；农机具免缴。学生个人用品减免25%。国税（DFE）：8%；缴纳进关税的货物，此税种应征6%。根据到岸价计征。享受《投资法》免税条款的公司免缴；农机具免缴。学生个人用品减免25%。附加税（SC）：含酒精啤酒和饮料：50%；不含酒精饮料：20%；矿泉水：10%；车辆：按汽缸和年龄征收0～10%；涂料和塑料管：5%。

征收对象为奢侈品或当地可制造产品。享受《投资法》优惠条款者和合营矿业公司免缴。出口税（DFS）：2%。

根据自由贸易统一规则，几内亚对所有西非国家经济共同体（简称“西共体”）成员国的产品免征进口税。有关原产地规则由西共体制定并于2003年1月生效，该规则与西非经济货币联盟的原产地规则一致。所产生的关税损失，由西共体统一提留基金补偿。

西共体原产地规则确定的基本原则是：最终产品全部由成员国生产或加工并改变税号；未经加工产品或传统手工制品；使用当地原产材料的价值超过60%；增值部分超过或等于最终产品的30%。免税区或享受免税的出口产品除外。

原产地证申请程序如下：企业向其主管政府部门递交申请，并由其转报西共体秘书处，秘书处提出决议呈报西共体部长理事会主席。获准产品需在外包装上标记原产地证明。

农产品关税：几内亚《税务总则》和《关税总则》规定，农机局进口免缴进口关税（DDE）和国税（DFE）。同时，出口的农产品免缴出口税（DFS）。

3. 投资税收优惠政策

为了吸引外资、技术和人才，几内亚于1987年颁布了《投资法》，支持和促进生产型投资，鼓励利用当地资源，创造就业，生产内销和有出口竞争力的商品和服务，增加成品出口，引进先进技术，鼓励环境保护和改善居民生活水平的相关投资活动。

【行业鼓励政策】几内亚在以下领域鼓励外商投资：农业、渔业、林业、电信业、矿产业、水力发电、服务业、建筑业等。具体优惠政策主要有：

（1）投资所需进口设备、工具免关税，最长免税期2年。但需缴纳增值税（18%）、海关登记税（0.5%）、进口环节税（2%）。

（2）进口生产所需原材料需缴纳关税（6%）、增值税（18%），其他税费免缴，并无期限限制。

（3）企业所得税免缴期限为3～8年，根据投资项目所在区域距离首都的远近程度确定。

（4）出口生产企业5年内免缴所得税。

（5）外资企业的股息、资本利益、外债本息、租金、管理费、清算收益等都可以自由汇出，但必须向财政部、税务总局、海关总局提供相应完税证明，经财政部审批后，由中央银行统一执行。

（6）优惠政策设有一些基本限制条件：至少提供25个长期就业岗位，投资额不少于5亿几内亚法郎，再投资不少于初始投资的25%。

【地区鼓励政策】几内亚正在研究地方鼓励投资政策，特别是在内陆地区包括森林地区，开展林业深加工、农业种植、淡水养殖等；加快首都工业加工区、保税区的前期可行研究工作，力争早日出台相关优惠政策。

四、投资政策

1. 投资主管部门及相关法规

投资主管部门：几内亚商业、工业和私营业促进部下设投资办公室（OPIP），下设“一站式服务窗口”，集中办理有关行政、法律和税务等各项手续，并可按投资方的需求提供咨询、建议和指导性服务。

投资法律法规：几内亚主要的投资法律法规是于1995年修订的《投资法》，该法旨在确定在几内亚进行投资的范围和条件，保护投资者，鼓励投资者积极致力于几内亚经济和社会发展优先计划的实现。

任何人均可在几内亚创建企业或扩展现存企业，只要有助于实现一项或多项国家经济和社会发展规划之优先目标，均可享受一条款或多条款税收优惠。优先发展目标如下：促进几内亚中小企业；开发非传统出口；通过本地加工，利用几内亚自然资源和原材料；在经济不发达地区开展经济活动。优先发展的领域包括：①农业生产，特别是粮食种植和农田整治；②经济作物种植，包括产品加工与包装；③饲养业，包括家畜卫生保护设施；④捕捞业，包括加工和贮存设施；⑤化肥生产、动植物或矿产物质的化学或机械配制与加工；⑥卫生和教育事业；⑦旅游环境治理和开发及旅馆业；⑧促进具有社会性质的不动产业。

除享受各优惠条款规定的特惠外，享受一项或多项优惠条款的企业可获如下普惠：在实现最初投资期间和（或）对扩大生产规模进行投资期间，免征进口税，包括投资所需设备、物资及工具进口几内亚时的营业额税，运载人员的车辆除外。增值税不免。对于最初投资或增资，免税期从申请批准生效之日起至批准开业之日止，最长 2 年。执行上述条款，被批准的企业必须交纳海关登记税和环节税。登记税率为 CAF 价的 0.5%。直接用于生产的原材料进口，从开业之日起除增值税外，只征收 6%唯一进口税。每年所需此类原材料总量须同海关确定。

除遵守指导经济活动的规章制度和批准书规定的条件和义务外，企业在享受优惠条款期间内必须遵守以下义务：①严格遵守批准的投资和活动计划，对计划的任何改变均应事先得到国家投资委员会的许可；②遵循适用于产业、服务业及其经营范围的国家和国际质量标准；③按照法律和规定设立财会，由在几内亚的注册会计师逐年核实其财务状况；④在同样价格和质量的情况下，优先采购产自几内亚的原材料、机械、设备和资料；⑤在能力相当的情况下，优先雇用几内亚人并在企业内部培训和提拔几内亚人；⑥保持投资质量和水平；⑦向财务管理部门提交已核实的年度报表，税务所需的其他材料。

2. 投资行业规定

几内亚《投资法》和《投资法实施条例》对企业投资一般条件、优惠条款、审批程序、管理机构、投资经营范围等内容做出以下规定：

（1）鼓励投资的领域：利用当地资源、农副产品加工、饲料、畜牧、渔业、教育、卫生、房地产等。

（2）外国籍的自然人或法人不得直接从事下列活动，也不能通过几内亚籍公司持有从事下列活动的几内亚企业40%以上的公司证券或股份：①出版一般或政治新闻的日刊或期刊；②播放电视或电台节目。

（3）拥有私有权的自然人或法人，均不得在几内亚共和国领土上从事下列部门的活动：①生产和供电，除非为满足其个人需要；②供水，除非为满足其个人需要；③邮局和电信；④制造、买卖武器和弹药。

3. 投资方式及出资额度限制

根据几内亚《投资法》，外国自然人或者法人均可以在几内亚成立独资或合资公司、分公司、办事处、代表处等形式的贸易或生产型机构。投资可采取资本入股或新设备入股的形式，也可并购当地企业。

4. 外资企业的利润及汇出限制

根据几内亚《投资法》规定，在遵守外汇管理规定的前提下，自然人和法人可用自境外资本进行投资，并可将下述收入兑换外汇任意汇出：①来自此投资的各种收入；②投资清算利润；③针对国家征用的赔偿。

在几内亚合法注册的企业，在境外获得外汇或新设备投资，均可采用公司证券或股份注入形式，该证券或股份分享企业经营和清算利润，但除外汇部分外，所有投资额须经独立会计师核定。企业利润可汇出境外，进行再投资，或者以外汇投资重购现存企业或参股。

五、融资政策

1. 外汇管理

几内亚独立发行本国货币几内亚法郎（Guinea Franc），简称几郎，可自由兑换。近年来，由于矿产品出口收入下降和外援减少，外汇供应紧张，几郎币值波动很大。2012 年，官方牌价美元兑几郎的平均汇率为：1 美元兑 7 050 几郎。人民币无法与当地货币直接结算。

【进口付汇程序】①向中央银行提出申请，填报进口说明书，包括进口商品的性质、价值、结算程序、通关等情况；②中央银行提出意见并批复；③根据央行批复，向当地商业银行提出购汇申请，并存入相当于进口总值的几郎保证金（按央行汇率折算）；④商业银行向中央银行通过竞价，获得外汇，并卖给进口商。

【现金出入境规定】①出境旅客携带现金最多不得超过 5 000 美元；②外汇可以自由携带入境，但需申报，以便将来据此携带出境；③黄金首饰不超过 500 克，可自由带出，无需审批。

2. 银行机构

银行体系：中央银行（BCRG）主要职能是负责几内亚货币的发行、流通和保值，具体包括：发行和管理货币，控制货币流动性；监管银行和金融机构；执行国家金融政策，控制通货膨胀；管理外汇市场，实现汇率自由化，管理国家外汇和黄金储备等。

几内亚除中央银行外，现有 11 家商业银行，分别是几内亚国际工商银行（BICIGUI）、几内亚经济银行（ECOBANK，成立于 1999 年，前身是几内亚非洲国际银行）、几内亚国际联合银行（UIBG，法国里昂信贷银行控股）、法国兴业银行几内亚分行、几内亚伊斯兰银行、摩洛哥—几内亚人民银行（摩洛哥商业银行在几内亚分行，几政府控股 30%）、国际商业银行（马来西亚资本）、非洲联合银行几内亚分行（UBA GUINEE）、非洲农业和矿业开发银行（几内亚政府占 20%，私人投资 80%）等。

中资银行：目前，几内亚没有中资银行，也没有与中国国内银行有密切合作关系的当地商业金融机构。

3. 融资条件

当地银行多倾向于发放商业贷款（年利率一般为 16%），不愿发放投资贷款，因为商业贷款多为短期贷款，资金周转较快，主要满足企业的进口融资需要。

六、劳工政策

1. 劳动力供求状况

几内亚拥有劳动力总量370万人。其中，农业劳动力占76%，工业和服务业劳动力占24%。普通工人素质不高，上岗前需进行专业培训。

根据几内亚《劳动法》，长期雇用当地人（6个月以上）需与其签订劳动合同，为其缴纳家庭和劳动保险等。当地普通工人工资约为120美元/月，技术工人约150美元/月，高级雇员250～400美元/月。

2. 劳动就业规定

劳动合同期限：劳动合同分为不定期合同和定期合同，没有规定期限的合同为不定期合同，定期劳动合同指具有某个期限的合同，该期限一般在签订合同时确定。在签订劳动合同前，雇主必须向国家劳动力和职业管理局或其代表机构递交职业招聘通知书。如合同双方同意采用试用期，双方必须在合同条款中写明试用期限。在任何情况下，即使为可续约合同，如受雇者是干部，试用期不得超过3个月，其他人不得超过1个月。雇主和雇员有权随时签订定期合同，但该合同期限不得超过2年。超过此期限的合同则为长期合同。不足2年期限的合同可以续约，但续签的期限不得超过首次合同的期限，且两次合同期限之合不得超过2年。与该条款不符的续签合同，为长期合同。在下列情况下签订定期劳动合同时，可以不确定期限：当合同的签订是因补缺、施工或某项工作需要临时额外员工、企业临时活动时；在任何情况下，合同必须成文，否则便视为长期合同。

报酬和额外薪金：报酬指基本工资和雇主根据雇员工作表现直

接或间接以现金或实物支付雇员的附加工资。禁止以烈性饮料支付工资，当部分工资以实物支付时，实物必须是雇员及其家庭日常用品。包干或计件工的工资至少与类似工作的计时工相等。根据联合国最低贫困标准，几内亚当地劳工每日工资最低不得少于 1 美元。加班 4 小时，应增加工资 30%，超过 4 小时增加工资 60%。夜班工作应增加报酬，增加额为工资的 20%。

劳动时间：所有企业雇员工作时间通常为每周 40 小时，但劳动合同可规定每周工作时间少于 40 小时。不是因罢工、警戒、带薪休假或节假日休息而出现的工作中断，应在随后的 12 个月内补上损失的工作时间，按正常工资而不按加班费支付报酬。雇主可与企业工会代表签订年度弹性工作合同，合同规定每周工作时间不一，但应遵守每周和每日工作最高时限的规定。根据每年可加班 100 小时的规定，雇主可单方要求雇员加班。超过 100 小时的加班，雇主须得到劳动总监准许。如不是等值工作、弹性工作或补偿工作，一周超过 40 小时的工作视为加班。实际工作时间每天不得超过 10 小时，每周不得超过 48 小时。每周必须至少有 24 小时的休息时间，原则上休周日。

辞退赔偿：根据几内亚《劳动法》规定，当雇员拒绝劳动或雇主无法提供工作时，可中止劳动合同。原则上，只有影响到双方对劳动合同履行主要义务时，即影响到雇员劳动和雇主支付劳动报酬时，可中止劳动合同。提供住房、忠诚和严守秘密的义务在中止劳动合同期间继续有效。雇主不再让雇员从事以前的工作或类似工作时，应向雇员支付其从事该项工作时享受的工资和补贴。如 1 年后，雇主仍未让雇员从事其以前的工作或类似工作，法院可判雇主向雇员支付相当后者两年工资的补偿费。如企业不能提供适合该雇员的岗位，雇主可解雇后者。如雇员拒绝接受代替以前工作的岗位，雇员也可被解雇，在这两种情况下，应办理个人理由解雇的手续。一旦宣布解雇，尽管雇员不能从事合同所规定的劳动，但有权享受中止合同预先通知期的赔偿费，并可领取解雇补偿金。如果雇主不愿提供新职位，雇员除领取赔偿费和解雇补偿金外，还有权领取相当其1年的工资。

雇主的其他义务：拥有至少15名雇员的企业必须支持职业培训工作，每年应资助实习、培训和进修计划。相当于工资总额0.5%的资助金应上缴国家职业培训管理局。企业每年须向工会代表报告培训计划。企业负责人选定参加培训或进修的雇员，在整个培训或进修期间，仍按正常工作领取工资，并享受所有待遇。培训或进修结束后，参加培训或进修的雇员必须在原企业至少工作到与进修期相同的年限，否则，雇员须向雇主赔偿培训或进修所需全部费用。进修期应算工作时间，应计工龄并享受带薪休假。

企业社会保险的缴纳：雇主要为雇员向全国保险局（La Caisse Nationale De La Securite Sociale）支付社保。社会保险包括：养老金，工资的7%，其中雇员支付3%，雇主支付4%；工伤事故险，工资的2%，由雇主支付；家庭补贴，工资的7%，由雇主支付。

3. 外籍人员工作的规定

外籍劳务需遵守几内亚劳动法，办理长期签证（1年或2年）和居留证，支付社会保险，缴纳个人所得税。

4. 工作证办理

主管部门：一般公司的外国人工作许可由几内亚劳动部门直接负责。如符合投资法并享受优惠的外国企业，其外国员工许可证明由商业、工业和私营业促进部投资办公室统一办理。

工作许可制度：外国人在几内亚就业，原则上必须要劳动部门许可，外国雇员数量不得超过企业职工总数的30%。

申请程序：由企业负责向劳动部门提出许可申请，外国人劳动合同需经劳动部门审批同意后方可生效。

提供资料：

【入境】①入境签证有效期3个月，由安全部批准，驻外使馆签发；②申请签证所需文件：邀请函、旅费证明、往返机票、身份照2张及印花税费。

【临时居留】①在几内亚逗留5～90天，视为临时居留。可延长签证一次，期限不超过3个月。②所需文件：有效护照、返程旅费担保、延期申请和印花税费。③签发机关：国家安全部。

【长期居留】①签证。凡签证期满继续逗留的外国人，必须向安全部申请长期签证。所需文件：申请理由、有效护照、身份照4张、3个月无犯罪记录证明、3个月体检证明、几内亚主管部门出具的工作合同、返程担保。②居留证。居留证根据长期签证颁发，每年第一季度认证1次。

【出境】①签证有效期内，自由出境。如过期，需办理出境签证。所需文件：出境申请、护照、最近1个月的税单和无犯罪记录证明。②安全部负责办理1次或多次往返签证，有效期6个月。

【返程担保】无返程担保的，需缴纳返程押金或出示无条件返程担保书。

七、农业保险和外商农业投资保险政策

根据世界银行（World Bank）2011年的相关资料显示，几内亚国内没有国家层面的农业保险政策。

八、我国已经与合作国所签署的双边投资保护协定

1. 双边投资保护协定

2005年11月，中国和几内亚签署《关于相互促进和保护投资协定》。

2. 其他协定

2008年9月，中国和几内亚签署《工业品安全和检验合作谅解备忘录》。

2008年10月，中国和几内亚签署《银行账务处理细则》。

2010年1月，中国和几内亚签署《渔业合作协定谅解备忘录》。

九、有关农业生产、收储、加工、流通的其他鼓励或限制政策

【农、牧、渔产品出口规定】 报关文件：①有效的出口商证；②银行出具的出口货物申请单；③海关申报单；④银行核准的出口货物商业发票；⑤原产地证明；⑥动植物检验证明；⑦质检证明；⑧重量检验证明。出口咖啡或可可时，经营商必须向咖啡/可可促进基金缴纳捐税，收费标准：13美元/吨，以几郎支付央行收款。报关文件除以上8项外，还需向海关提供由出口手续协助中心出具的捐税缴纳证明。

【货物运输规定】 ①运输商必须持有运输证；②每批货物运输都必须具有工商部商务处签发的运单；③货物原产地质检处出具的检查单。

【出口商品商检】 几内亚政府规定，出口商品要进行商检，否则不准装船。目前流行做法有两种：一是通过银行申请外汇者，必须经过政府委托的瑞士SGS商检公司对商品的质量、数量进行检验并对其价格进行审核，否则不能获得外汇；二是不通过银行申请外汇者，自行在市场中购买外汇，暂可不通过SGS商检公司进行商检，但在汇出外汇时则有限制。

【海关检验】 根据几内亚《海关法》规定，商品在详细申报登记后，海关人员将对申报商品进行全部或部分检查。检查申报商品须在海关仓库或海关人员指定地点进行。如申报人不同意海关人员对商品种类、产地和价值的意见，检查报告可交由税则特别委员会评判。海关关税按商检报告计征。如海关不对商品进行商检，关税则按申报表计征。

津巴布韦

一、投资者国民待遇

1. 投资者国民待遇

【多边贸易协定】津巴布韦是世界贸易组织（WTO）的成员国。津巴布韦参与的一项较重要的多边贸易协定是洛美第四次会议协定（Lome IV Convention），该协定是非洲、加勒比海、太平洋地区的发展中国家（简称 ACP）和欧盟国家达成的旨在平衡双方贸易，促进 ACP 国家经济发展的一项协议。

【地区组织】津巴布韦是东南部非洲共同市场（The Common Market for Eastern and Southern Africa，简称 COMESA）与南部非洲发展共同体（Southern Africa Development Community，简称 SADC）的成员国。根据相关协定，COMESA 应该在 2012 年建成自由贸易区，绝大部分商品在成员国之间贸易实行零关税。

【双边贸易协定】津巴布韦与以下非洲国家签订了“优惠贸易协定”（Preferential Trade Agreement）：南非、马拉维、博茨瓦纳、莫桑比克、纳米比亚。

津巴布韦与以下非洲国家签订了“最惠国协定”（Most Favoured Nation Agreement）：赞比亚、刚果民主共和国、安哥拉、坦桑尼亚、斯威士兰、莱索托、尼日利亚、乌干达。

根据普惠制（Generalized System of Preferences，简称 GSP）

的原则，津巴布韦享受来自一些发达国家的最惠国（Most Favored Nation，简称 MFN）待遇税率，这些国家是：澳大利亚、加拿大、捷克、匈牙利、日本、新西兰、挪威、斯洛伐克、瑞士、美国和欧盟成员国。

2. 最惠国待遇

中津两国建交以来，中国援助项目有：哈拉雷国家体育场，新舟 60 及医院、学校、水坝、水井、服装厂、农业示范中心等。中国政府还向津巴布韦派遣了援外医疗队，农业专家。

【双边贸易】津巴布韦与中国保持着稳定的经济贸易关系。据中国海关统计，2011 年中津贸易额 8.74 亿美元，同比增长 55.7%。其中，中方出口额 4.1 亿美元，同比增长 29.9%；进口额 4.6 亿美元，同比增长 88.9%。

中国从津巴布韦进口的主要商品有烟叶、棉花、烙铁、铜等，出口商品以机电、计算机及通讯技术、纺织产品为主。

二、土地政策

1. 土地资源及土地价格

农业资源：农业是津巴布韦的支柱产业。津巴布韦把发展农业、增加粮食生产，实现粮食自给自足作为发展经济的首要战略目标，强化农业在经济发展中的地位，把它列在优先发展领域的突出地位。津巴布韦的农业产值约占国民生产总值的 15%，40%的出口源于农产品，50%的工业依赖农产品为原料。农业将是津巴布韦政府需要长期支持的产业。发展农业对于拉动国家经济至关重要。

津巴布韦是世界上气候最好的国家之一。虽然地处热带，但由于海拔高（平均海拔 1 000 余米），气候温和，夏季不闷热，冬季不寒冷。全年基本可分为雨季（夏季）和旱季（冬季），昼夜温差大。夏季平均气温为 15～25℃，冬季平均气温为 10～15℃。

津巴布韦的国土面积为 39 万平方公里，其中，可耕地面积约为 1 600 万公顷。全国人口 1 200 多万，农业人口占总人口的 80%。人均土地面积 3.2 公顷，人均可耕地面积 1.3 公顷。

农业生产主要分为三大领域：一是种植业。粮食作物主要有玉米、小麦、小米和豆类等，经济作物有烟叶、甘蔗、棉花、花生、茶叶、咖啡等。二是畜牧业。主要以养殖肉牛为主，出口到欧洲市场。此外，还饲养猪、羊、鸡和奶牛等。三是园艺业。主要包括蔬菜、花卉和水果。水果品种繁多，除柑橘和芒果等传统水果外，还有苹果、桃、梨、葡萄等。从 20 世纪 90 年代以来，开始发展以玫瑰为主的花卉业，主要出口对象是欧盟。

津巴布韦主要农作物生产情况：

【玉米】正常年景产量 200 余万吨，丰年可达 250 万吨，其中大商业农场是玉米的主要产区。村社地区玉米生产虽有很大提高，但 60%自留消费。津巴布韦重视玉米种植研究，设有各种政府和私人种子研究中心。1995 年，津巴布韦因旱灾玉米减产 54%，仅 84 万吨，政府不得不花巨资进口 50 万吨玉米，1996 年玉米产量达 270 万吨。

【烟草】津巴布韦主要种植弗吉尼亚烟（烤烟）和伯利（晾晒烟）两种烟草，其中烤烟占 80%。近年来，津巴布韦烟草种植面积约 9 万多公顷，产量 20 万吨上下，出口收入 4 亿美元左右，是津巴布韦第一位的出口创汇产品。津巴布韦生产的烟草约 98%用于出口，其销量居世界第三位。1995 年，津巴布韦拍卖烤烟 19.84 万吨，收入 3.6 亿美元。津巴布韦拥有世界上最大的烟草拍卖行。1996 年，津巴布韦烤烟产量 21 万吨，创汇 6.1 亿美元。

【棉花】津巴布韦主要经济作物之一，籽棉年产量约 20 万吨，种植面积 8 万公顷左右，70%供出口，主要销往西欧和远东地区。1994 年皮棉出口创纪录，达 4.8 亿津元。1995 年产籽棉 10 万吨，1996 年籽棉产量达 27.5 万吨。津巴布韦 2000 年 3 月 23 日 Financial Gazette 报称，1998/1999 年度棉花产量为 28 万吨，创产值 40

亿津元。1999/2000 年度，由于飓风及雨量过多等不利因素的影响，棉花种植面积由上年度的 4 万公顷，减少到 2.6 万公顷，产值减少 15 亿津元，下降幅度达 35%。正常年景，津巴布韦棉花产量为 30 万吨。主要产量来自小型农场，占 80%。津巴布韦是非洲最大的棉花生产国之一，占世界棉花产量的 1.3%。

【小麦】年产量约 20 万吨，种植面积 3 万公顷左右，国内年均消费 32 万吨，不足部分进口。1995 年因旱灾产量仅 7 万吨，1996 年增至 25 万吨。1997/1998 年度，小麦产量 245 457 吨，经津巴布韦粮食销售局销售值为 4.5 亿津元；1998/1999 年度的产量为 240 253 吨，经津巴布韦粮食销售局销售值为 2.7 亿津元。

【园艺产品】近年来获长足发展，成为重要出口创汇产品之一。水果和鲜花出口额从 1993/1994 年度的 3 亿津元上升到 1994/1995 年度的 5 亿津元，其中鲜花占 3 亿津元。1996 年预计园艺产品出口将增长至 12 亿津元。除传统的西欧市场外，津巴布韦目前正开拓亚洲、中东欧、北欧和北美的花卉出口新市场。

津巴布韦农业生产方面的特点：①在农业生产资料方面。津巴布韦农药和化肥等农业生产资料非常缺乏，市场需求较大，价格高，尤其是兽药全部依靠进口，防治口蹄疫的兽药是非常急需的。②在农产品加工方面。津巴布韦是世界上重要的棉花、烟草和咖啡生产国，但农产品加工水平相对落后，农产品出口的附加值较低。③在农业生产方面。津巴布韦在玉米、小麦、水稻、花卉等方面有良好的基础和潜力。④在农机具生产与贸易方面。津巴布韦的大型商业化农场现代化程度相对较高，对农业机械的需求量很大。⑤在农业科研和教育方面。津巴布韦政府非常重视农业科研和教育工作，设有各种研究所、研究中心和研究站，如农业研究所、土壤研究所、棉花研究所、作物育种研究所和畜禽品种改良研究所等，这些研究机构与生产密切结合，并服务于生产。

房屋租金及价格：

房屋租金：津巴布韦大城市的公寓楼月租金价格在 8～14 美元/

平方米，大城市周边15公里范围内住宅小院（院子面积在3 000～5 000平方米），2～4卧室＋1厅＋1～2卫生间＋1个厨房间，一般月租金在800～1 500美元/平方米。

商品房售价：哈拉雷地区政府安置房的价格在570～700美元/平方米，一般商品房的价格在750～1 200美元/平方米。

二手房售价：津巴布韦二手住房价格差异较大，根据房屋的新旧及装修程度，一般售价在300～1 000美元/平方米；另外宅基地价格在15～50美元/平方米，视地产位置及环境而定；二手厂房的一般售价在200～600美元/平方米，另外地皮价格在15～30美元/平方米。

2. 土地投资政策

津巴布韦耕地面积3 000多万公顷，农业人口占全国总人口的67%。津巴布韦独立后新政府首要工作是解决土地问题。1992年进行了宪法的修改，确定依法强制性地赎买和征用白人占用的土地，然后作为国有土地进行重新分配。经过20多年，津巴布韦土地所有制形式形成了以国有土地为主导，社区、私有土地为辅的三种所有制并存的新局面。其中，国家所有土地占到了80%，私有土地占到10%，社区所有土地占10%。

在用地制度改革进程中，津巴布韦政府还相继出台了一系列配套的政策法规。如制定出台了与土地有关的融资法案、土地购买法案、移民法案、矿产法案、土地勘测法案、农村土地法案、区域及小城镇规划法案等。

对于土改地，政府禁止自由买卖。非土改地，也称为“冠名地”（Entitled Land），可以自由买卖。

津巴布韦法律禁止外国人购买和租赁土改农耕地，只能通过与有农地所有权或使用权的津巴布韦当地人合作的方式进行农业合作，“冠名地”除外。对于非农耕地，如商业用地和住宅用地，外资企业和外国人可以通过合法购买获得土地的所有权和永久的使用权。

三、税收政策

1. 税收制度和主要税率

税收制度：津巴布韦实行属人税法。津巴布韦的税收结构体系形成于 1965 年，之后没有大的变化。近年来，津巴布韦政府虽然采取了一些措施降低税率，但是津巴布韦税率在南部非洲国家中仍是比较高的。随着津巴布韦经济改革的深入，税率有逐步降低的趋势。

2011 年 11 月 24 日，津巴布韦财政部长比蒂发布了 2012 年财政预算，自 2012 年起对部分税率政策进行了调整。

津巴布韦的税收种类包括：个人所得税、公司所得税、增值税、预扣税、资本收益税等。

主要税率：

【增值税】所有的出口型企业免增值税，普通企业缴纳 15%。对硫酸、磷酸盐岩、过磷酸石灰、硫和大豆原油实行增值税零税率，于 2012 年 1 月 1 日生效。增值税缴款期限由原来的每月 20 号放宽至每月 25 号，自 2012 年 1 月 1 日生效。

【个人所得税】个人所得税征收门槛由之前的每月收入 225 美元上调至 250 美元，2012 年 1 月 1 日起生效。个人所得税征收标准如表 1 所示：

表 1　津巴布韦个人所得税征收标准

税阶（US$）	税率（%）
0～250	0
251～1 000	20
1 001～2 000	25
2 001～5 000	30
5 001～7 500	35

（续）

税阶（US$）	税率（%）
7 501～10 000	40
10 000 以上	45

奖金免税额由原来的 500 美元上调至 700 美元，自 2011 年 11 月 1 日起生效。

免除对公职人员津贴的个人所得税征收，自 2011 年 11 月 1 日起生效。

【公司所得税】税率为 30%，国外红利（总税额）20%。

【预扣税】指股东税、利息税、劳务费税、专利或版权使用收入税等，它由公司代替政府依法向个人征收，从个人的收入中预先扣除 10%～20%。

【资本收益税】在津巴布韦出售或以其他形式清理不动产、处理上市证券所得的资本增值金额等，一般被征以 20%的税收。在国有企业私有化过程中，某些特定资产销售时免征资本收益税。

【消费税】对高耗能产品征收消费税，对非节能电灯泡征收每个 0.15～0.25 美元的消费税。

2012 年，津巴布韦提高了烟草消费税，本国地生产卷烟消费税由 7 美元/1 000 支上调到 10 美元/1 000 支。进口卷烟消费税由 40%+5 美元/1 000 支上调至 40%+7 美元/1 000 支。

【矿业税】自 2012 年 1 月 1 日上调黄金和铂金矿的资源税，分别由 4.5%和 5%上调至 7%和 10%。

重新评估资源开采税，包括开采申请、注册、地表租金，出口许可和勘探许可的费用，以减少抱投机目的的资源持有者。

矿业部将重新评估整个资源开采收费机构。

【推计科税】对游艇、渔船和快艇征收推计科税，见表 2：

表 2　津巴布韦推计科税征收标准

载客能力（人）	每季度建议税收（US＄）
1～5	250
6～15	500
16～25	1 000
26～49	1 500
50 以上	2 000

渔船按每套渔具每季度 350 美元标准征收。

同时，将制定相关细则针对私营小巴、肉食店、学前班和汽车销售商征收相应的税费。

2. 关税政策

关税政策： 津巴布韦海关税由关税、附加税和进口税组成，税率一般在 20％～30％。一般说来，进口要交 12.5％～20％的附加税，相当于该国国内商品销售税的同一比率。为了保护本国的民族工业及产品，津巴布韦政府于 1993 年 12 月较大幅度地提高了部分进口商品如电器、服装、五金器具、家电、玩具、摩托车等的关税。2009 年 1 月，津巴布韦政府对现行的税赋体系进行改革，全面实行外汇征收，对大部分科目的征税比例进行了调整。

农产品关税： 为提高本国农产品在周边国家区域内的竞争力，于 2012 年 1 月 1 日起增加部分农产品的关税，在本地产品无法满足市场需求的季节上述关税将被暂时取消，见表 3：

表 3　津巴布韦农产品新增加关税

产品	最惠国税率（％）	南共体税率（％）	建议税率（％）
土豆	40	10	25
番茄	40	10	25
洋葱	40	10	25

（续）

产品	最惠国税率（%）	南共体税率（%）	建议税率（%）
卷心菜	40	10	25
胡萝卜	40	10	25
豌豆	40	10	25
豆	40	10	25
菌类	40	10	25
菠菜	40	10	25

3. 投资税收优惠政策

【行业鼓励政策】

（1）矿业。从 2004 年 1 月起，矿业领域公司的公司税率从 25%降至 15%；矿业发展所需的进口物品减进口关税；进口“免关税许可证”项下的物品可减关税。但 2012 年 1 月 27 日津巴布韦大幅提高了矿业领域申请费、注册费、交易许可证费等费用，提高幅度较低的为数倍，较高的为数十倍到数百倍，而铂金矿权注册费提高幅度达到 5 000 倍。

（2）制造业。出口至少 50%的企业，所得税率为 20%。

（3）旅游业。对于每年至少 60%的营业利润是以外汇形式实现的公司，所得税率为 20%；“核定旅游发展区”内的企业前 5 年免所得税，之后每年所得税率为 15%。

（4）交通运输业。进口公共汽车免关税；进口燃油及相关产品减关税；进口公共交通工具零部件减关税；进口铁路机车或有轨电车零部件减关税；进口垃圾清理或道路维护交通工具减关税。

（5）经津巴布韦工贸部审核，进入以下行业，并达到以下条件的企业，为开发型企业：进口产品深加工；设立国际采购和物流中心；高新技术开发；高工业附加值，实现科技产业转化；创造本地就业机会；出口创汇。开发型企业可享受以下优惠政策：前 10 年征收10%企业税，之后按20%征收；进口企业开工及生产所必需的生产资料可予以免税；企业分红免征所得税；企业员工的个人福利免收1/3的个人所得税；在固定地点长期雇佣员工超过500人以上，可减免一定税赋。

【地区鼓励政策】

（1）出口加工区（Export Processing Zones）税收政策。津巴布韦政府规定，出口加工区企业的出口量至少达到80%，实行“5免后减”的公司税税率，即前5年免所得税，之后每年缴纳15%的所得税；对原材料、半成品和资本货物的进口实行免税；免除资本收益税专利权税和汇款税；退还增值税。

（2）增长区域优惠政策。津政府规定，在“增长区域”内投资基础设施的企业或个人可以获得以下优惠：减免所得税率至15%。出口量至少为60%的制造业或加工业企业减免所得税率至20%。在“增长区域”内投资制造业的企业或个人减免所得税率至10%。

（3）指定旅游发展区优惠政策。津巴布韦政府规定，在“批定旅游发展区”内投资旅游基础设施并且每年至少60%的营业利润是以外汇形式实现的企业，减免所得税率至20%。

【特殊投资方式优惠】根据津巴布韦政府规定，采取特定投资模式的企业可以获得优惠的政策待遇，包括税收优惠和财政补贴：

（1）投资者可参与“创立、管理与转让”（BOT）的投资模式。选择此种投资模式可享受税收减让：前5年免所得税；第二个5年所得税率15%；第三个5年20%；之后每年30%。

（2）得到许可的投资者，前5年免所得税，第6年开始缴纳15%所得税。

（3）工业园区开发商，前5年免所得税，第6年开始缴纳10%所得税；免资本收益税；免代扣所得税；免进口关税。

（4）持有矿业部颁发的“特殊矿业租约”的企业或个人减免所得税率至25%。

（5）矿业运营公司或托管减免所得税率至25%。

四、投资政策

1. 投资主管部门及相关法规

投资主管部门：津巴布韦主管投资的政府部门为津巴布韦投资局。它的主要职责是：根据国家经济和社会发展需求，与相关部委合作，挖掘国内投资机遇，引进国外投资者，受理投资申请，处理与投资相关的其他事宜。

投资法律法规：2008年3月，津巴布韦总统签署《本土化和经济授权法案》（Indigenization and Economic Empowerment Act）。《本土化和经济授权法案》已于2007年经津巴布韦议会通过，并于2009年颁布了本土化进程法规。2011年3月25日，津巴布韦政府出台矿业领域本土化实施细则，要求各矿业企业9月25日前完成本土化实施计划。津巴布韦从1996年开始实施出口加工区计划，该项计划的法律框架是《出口加工区法》（Export Processing Zones Acts）。津巴布韦为实施EPZ计划专门设立了出口加工区管理局（EPZ Authority，简称EPZA），负责EPZ的批准立项和执行有关的法律政策。出口加工区的目的是为在津巴布韦发展具有附加值的、被技术所推动的出口导向型经济。

2. 投资行业规定

【鼓励投资的行业】津巴布韦政府鼓励外商投资的行业包括：农业、制造业、矿产业、旅游业、能源制造业、交通通信业。

（1）农业项目包括：粮食类作物种植与加工、烟草种植和加工、花卉种植、棉花、茶叶和咖啡的生产加工、林木业、蔗糖加工。

（2）制造业项目包括：农业机械制造、纺织机械、药品加工、肉类深加工、生物燃料。

（3）矿产业项目包括：黄金、铂金群金属、煤炭、钻石、铬铁、镍、铜、铁、花岗岩的开采和加工。

（4）旅游业项目包括：酒店服务业、野外探险、狩猎、传统景点（维多利亚瀑布、大津巴布韦遗址、东部高地）。

（5）能源制造业项目包括：水利及火力电站建设。

（6）交通通信业项目包括：铁路及公路建设、航空客运及货运、宽带网建设、程控及移动交换技术。

3. 投资方式及出资额度限制

津巴布韦欢迎各种形式的投资，包括资金、设备的投入，收购企业等。针对不同行业的投资，会有不同的限制性政策。在2008年以前，津巴布韦对外国投资持有的股权比例限制较少，除建筑业外，其他鼓励外资的产业基本上都允许外商独资。2008年3月，津巴布韦总统签署《本土化和经济授权法案》（Indigenization and Economic Empowerment Act）。该法案规定，在津巴布韦所有企业必须实现津巴布韦本土人控股51%以上，特别是外国人和白人拥有的企业必须将51%的股份出售给当地黑人或津巴布韦政府；新投资企业必须为本土人预留51%以上的股份才能获准经营；对控股股权进行兼并、分拆收购、重组、投资和放弃时，须经本土化和经济授权部长批准。为此，津巴布韦政府专门设立了本土化基金，帮助当地人进入主流经济领域。《本土化和经济授权法案》已于2007年经津巴布韦议会通过，并于2009年颁布了本土化进程法规。

2011年3月25日，津巴布韦政府出台矿业领域本土化实施细则，要求各矿业企业9月25日前完成本土化实施计划，主要内容包括：外国资本在企业中股份不得超过49%；矿业企业应将10%的股份无偿让予矿区所在的社区，但这个“无偿”并不由企业出资，而是在相关部门对矿区矿产资源价值进行评估后从资源价值中出资；企业员工须持有企业股份的5%～28%，企业员工所持的股份中，外籍员工最多可占25%，本地员工最少占75%，另外，高管持股不得超过5%，员工持股是有偿股份，必须购买；剩下的股份可从政府指定的机构或公司清单中选择一家或多家购买。

与津巴布韦政府部门合作的项目，经特别批准，外国资本股份可为50%。继矿业之后，2011年10月28日，津巴布韦政府颁布制造业的本土化法令，资产在10万美元以上的制造业企业，4年内要完成本土化，其中第一年内要转让26%的股份，第二年内转让10%，第三年内转让10%，第四年转让5%。

五、融资政策

1. 外汇管理

【外汇账户】根据津巴布韦《外汇管理法》，在津巴布韦注册的外汇企业可以在津巴布韦银行开立外汇账户，用于进出口结算。

【外汇管制】在津元时期，津巴布韦政府曾出台出口强制结汇、外汇进出申报等政策。实行多货币政策后，强制结汇的规定已不再使用。携带现金入境没有限制，但个人携带外币出境数额限定在1万美元以内的规定仍有效，超过1万美元需申报。

2. 银行机构

银行体系：津巴布韦中央银行是津巴布韦储备银行（Reserve Bank of Zimbabwe），负责制定国家金融政策、发放货币和政府贷款，控制外汇储备，垄断黄金交易。按照津巴布韦《银行法》的规定，津巴布韦各商业银行、贴现银行、金融贷款银行及其他金融机构必须将股金及吸收的存款按一定比例存放于储备银行。储备银行对各商业银行及金融机构的业务活动及政策起监督作用。

除国家储备银行作为中央银行行使监管职责以外，津巴布韦有18家商业银行和商人银行。其中包括英国巴克莱银行这样的外资银行。

据津巴布韦储备银行数据，2011年11月30日津巴布韦银行存款总额达到32.55亿美元，比2010年同期的22.96亿美元增加了9.59亿美元。

2012年，津巴布韦储备银行要求各银行必须满足最低资本准备金门槛要求：商业银行为1 250万美元，商人银行为1 000万美元。部分未能在规定期限内满足这一条件的银行将被储备银行吊销营业执照。

中资银行：目前，津巴布韦没有中资银行的分支机构，国家开发银行在津巴布韦有工作组。

3. 融资条件

原则上，津巴布韦银行的贷款条件并不苛刻，只要符合条件的企业无论外资还是当地资本，都可以申请并获得当地银行的贷款。银行重点支持农业、畜牧业及食品加工项目，商业银行的贷款范围比较广泛，包括私人美容手术项目都可以获得贷款。但由于津巴布韦资本流动性不足，银行利率普遍偏高，通常为年利率20%左右，即便如此还时常出现贷不到款的现象。

六、劳工政策

1. 劳动力供求状况

津巴布韦初级教育较普及，普工和半技术工人相对容易雇到，但技术工人雇用较为困难。

1991年，津巴布韦实施了经济结构调改计划后，各公司为追求效益，提高竞争能力，不断裁减人员，失业人数不断加大，使劳动力市场的竞争变得更加激烈。

由于失业率较高，因此一些比较低级的工人开始进行个体经营项目或组成互助组形式。然而，主要的就业机会还是集中在城市、乡镇、开发区和商业农庄。

近年来，越来越多的毕业生进入劳动力市场。他们的优势是受教育程度较高，比较容易培训。

2008年，津巴布韦拥有404万劳动力，且素质较高。其中，农业劳动力占66%，工业占10%，服务业占24%。但由于国内薪酬普遍较低的原因，导致劳动力大量外流。

2. 劳动就业规定

报酬和额外薪金：津巴布韦将结算工资改为美元结算以后，出现大幅度涨薪的情况。

在津巴布韦，工资差别很大。公司总裁的工资比一般非技术雇员的工资高得多。在工资的涨幅方面，管理人员要比普通雇员高出很多。

津巴布韦政府部门曾对工资及工资上涨进行控制，但随着政策的放宽，目前工资是由雇主和雇员的代表通过协商来确定的。工资的上涨幅度每年定期在国家就业委员会由来自工会和雇主的代表通过谈判决定。这种谈判通常是分行业进行，包括除管理人员外的其他所有雇员。通过谈判确定每个级别的最低工资标准及上涨幅度。谈判协议中还规定基本工作条件，包括工作时间、加班工资及休假等。管理人员的工资和工作条件由各公司自行拟定。

在过去的几年里，工资的上涨基本与年度通货膨胀持平。1996年，工资上涨幅度为19%～28%，全国平均24%。1997年，由于通货膨胀有所下降，工资上涨幅度为16%～24%，全国平均为20%。1998年，由于津巴布韦经济出现了困难，通货膨胀飞速上扬，到年底达到45%，但工资上涨平均为35%，赶不上通货膨胀的上涨，因此，津巴布韦罢工此起彼伏，造成了一定的社会不稳定因素。

建筑业雇员工薪在短短不到3年的时间内，至2011年10月已经出现4次加薪：第一次为2009年9月1日起，加薪66.67%；第二次为2010年8月1日起，加薪13.33%；第三次为2011年7月1日起，加薪17.65%；第四次为2011年10月15日起，加薪接近20%。2011年1月10日开始，必须为雇员提供免费午餐。

建筑行业工资标准为：四级小工1.32美元/小时，三级小工1.31美元/小时，二级小工1.27美元/小时，一级小工1.27美元/小时，四级工1.73美元/小时，三级工1.88美元/小时，二级工2.02美元/小时，一级工2.19美元/小时。加班及周六上班为基本工资 1.5 倍，周日 2 倍，公共节假日 3 倍，若不上班，也必须给一天工资。

雇员离职或每年圣诞节时还需支付退场费：1.83 美元/天×8.8（小时）×工作月数×工资每小时额×80%。雇主还需给工会、NSSA 及 NEC 缴纳工人的社保等基金，分别为工资的 5%、6%（雇主与雇员各承担一半）。NEC 费用为工作时间/44×系数（系数为一级小工 2.65，二级小工 2.65，三级小工 2.66，四级小工 2.66，四级工 2.92，三级工 3.00，二级工 3.09，一级工 3.20），此金额为雇员负担数，同时雇主需缴纳相同金额。

劳动时间：公司和行业间的正常工作时间都不尽相同，最长为每周 6 天，45 个小时。正常的工作时间每周 5 天，40 个小时，个别的 37.5 个小时。

辞退赔偿：雇佣关系可以根据劳工法中的中止雇佣规定或有关行为准则的规定予以中止。

如雇主能从劳工部拿到批准，或者双方达成书面协议后即可解除雇佣关系。如果双方签订定期合同或定期任务合同，在合同执行完毕后即可解除雇佣关系。条例规定，如果雇员有如下行为：雇主确信雇员有偷窃、不服从分配、破坏财产和酗酒等行为，以及不能胜任工作或其他违约行为等，雇主可向劳工部申请授权解雇雇员，且不付给工资和补偿费。

雇主的其他义务：在正式的就业行业中，除公务员以外，差不多 65%的雇员都加入了工会。并不是所有的工会都很活跃，但近年来围绕着雇主和工会之间的一揽子劳资谈判出现了数起工潮，且有愈演愈烈之势。

工人委员会一般只在本公司与雇主就影响工人的权利和利益的事宜进行协商。他们不代表管理层的雇员。他们一般只是解决本公司内部的问题，很少参与一揽子劳资合同谈判。

条例还允许成立工作委员会，由雇主和工人委员会各派均数代表组成。其主要作用是加强内部的交流与协作。各方代表都有权就一系列的劳工问题进行协商。这种委员会对公司来说尤为重要，在很多情况下比工会权利更大，因为它可以批准公司的减员计划等。

企业社会保险的缴纳：津巴布韦设立有国家社会保障局（NSSA）和国家雇员委员会（NEC）。NEC 职责和责任如下：①工人的补贴；②工作环境的安全；③退休金和其他福利待遇。退休金是指在年满 65 岁后的退休所得或因病提前退休补贴及丧葬费补贴。社会保障资金来源由劳资双方按月共同交纳。雇员最低交纳其月工资的 2.5%，资方为每个雇员每月交纳相同费用。外国雇员也应交纳费用。NSSA 职责是为那些在工作中致残或致死的工人发放抚恤金。实行多国并行货币制后，没有设定交费比例，各公司视情况缴纳，相当于意外保险。

（1）人身保险。资方必须为其雇员购买人身意外保险。资方必须报告其年度工资总额，以便计算其应交工人补贴基金额。

（2）失业保险。目前，津巴布韦尚无失业保险。但有个别的社会福利机构为那些低收入的失业家庭提供救济。社会救济基金是为帮助失业工人建立起来的救济机构。国家社会保障局正考虑将来为失业工人提供一定的帮助。

（3）医疗保险。津巴布韦没有国家医疗保险制度，但有些行业为其雇员提供医疗保险。

（4）休假、病假和产假。休假和病假在劳资双方的一揽子合同中加以规定。工厂较低级的雇员每周工作 6 天，每年可享受带薪休假 18 个工作日。对那些每周工作 5 天的雇员，每年可享受带薪休假 22 个工作日。管理层或高级雇员一般每年可享受 30 个工作日的带薪休假。一般来说，病休 1 个月的，可发给全额工资，第二个月工资减半，所有病休都应提供医疗证明。在受雇于同一雇主期间，女雇员可享受 3 次产假，每次 90 天。在此期间发给 60% 的工资，其他福利照常享受，产假后半年内每天减少 1 小时工作时间。

3. 外籍人员工作的规定

【就业规定】津巴布韦政府规定：

（1）在津巴布韦工作的外国人必须持有有效的工作许可。

（2）津巴布韦《移民法》允许本地公司雇用持有临时工作许可的外国人。津巴布韦公司如确实不能在当地招聘到所需技术人才，可以向移民局申请办理招聘境外临时工作人员。

（3）持有临时工作许可的外国人只能在临时工作许可的范围内工作，其配偶和子女可以在津巴布韦居住，但不得就业。

（4）持旅游签证赴津巴布韦的外国人不得逾期居留，不得在津巴布韦就业或从事商业活动。

【居住规定】

（1）获得有效签证的外国人可以在签证有效期内在津巴布韦居住。

（2）经过津巴布韦投资中心批准，投资不少于100万美元的，可申请办理永久居住许可。

（3）经过津巴布韦投资中心批准，单项投资项目不少于30万美元的，可申请办理3年有效期的居住许可。在3年有效期结束后，可给予永久居住许可。

（4）经过津巴布韦投资中心批准，与津巴布韦当地或永久居民合资，投资10万美元的，可申请办理有效期为3年的居住许可。3年有效期结束后，可给予永久居住许可。近年移民局加强了居住许可的控制，一般只发放1年期的许可。

4. 工作证办理

主管部门：津巴布韦负责外国人工作许可管理的部门是津巴布韦移民局。

工作许可制度：外国人赴津巴布韦工作，必须获得津巴布韦移民局的许可，并在该局办理工作签证。

申请程序：雇主向津巴布韦移民局提出申请，递交所需材料。

移民局工作时间：周一到周五：8—12时，14—16时。周六、周日、公共节假日休息。

签证费：从 2011 年 5 月 11 日起，单次入境签证费从 30 美元提高到 60 美元，加急单次入境签证费不变，仍为 100 美元。

提供资料：

（1）投资者居留许可需提交材料包括：①2 张与护照照片尺寸相同照片；②津巴布韦投资局出具的投资证；③可供转账的资金证明；④将被运输的设备证明和价值；⑤2 份填写完整的居留许可申请表；⑥公司注册证书；⑦项目企划书；⑧出生证明；⑨胸透证明；⑩津巴布韦当地合作者的居住证明；⑪写给移民局局长请求居留许可的信；⑫原籍国/居住国警察局出具的无犯罪记录证明；⑬申请费 500 美元；⑭津巴布韦警察局出具的无犯罪记录证明。

（2）临时工作许可需提交材料包括：①居留许可申请表；②临时工作许可申请表；③雇主写给移民局局长的信，内容应包括工资和其他服务条件；④简历；⑤学历和专业技术证明的复印件；⑥出生证明及包含相关信息的护照页；⑦2 张与护照照片尺寸相同照片；⑧胸透证明；⑨申请费 500 美元；⑩津巴布韦相关部委出具的证明信函；⑪雇主在津巴布韦当地报纸刊登的招聘广告；⑫津巴布韦当地 2 名应聘者的简历及联系方式；⑬原籍国/居住国警察局和津巴布韦警察局出具的无犯罪记录证明。注意：以上所有材料均提交 2 份。

（3）临时工作许可延期需提交的材料包括：①申请信；②即将过期的临时工作许可复印件；③雇主写给移民局局长的信，内容包括向申请者学习技术的当地员工的详细信息及联系方式。注意：所有短期临时工作许可都不可以延期。

七、农业保险和外商农业投资保险政策

津巴布韦目前也开始面对低收入人群发展农业保险，但尚无发布这方面的信息。

八、我国已经与合作国所签署的双边投资保护协定

1. 双边投资保护协定

1996年，中国和津巴布韦签署《中华人民共和国政府和津巴布韦共和国政府关于鼓励和相互保护投资协定》。

2. 其他协定

1981年，中国政府与津巴布韦政府签署了第一个政府间贸易协定，之后又签署了《中津政府贸易、经济和技术合作协定》，《中津政府关于成立经济技术和贸易合作混合委员会的协定》。

中、津双方签有民用航空运输协定、文化协定、教育合作协定、中国援津医疗队协定等。

九、有关农业生产、收储、加工、流通的其他鼓励或限制政策

【农业税收优惠政策】提供25%的特助补贴用于购置农业机械设备或农用建材；园艺业、农业机械、农作物、牛肉、蔬菜和鱼类相关企业免收增值税；进口的农用设备免增值税、农机5%的关税；用于商品包装的原料可减进口关税；进口“免关税许可证”项下的物品可减关税。

立陶宛

一、投资者国民待遇

1. 投资者国民待遇

立陶宛加入欧盟后，对外资实行国民待遇，入盟前的一些税收优惠皆被取消，仅在自由经济区还实行部分税收优惠。

2. 最惠国待遇

立陶宛对我国实行最惠国待遇。1993 年 11 月，中立两国签署《中华人民共和国政府和立陶宛共和国政府关于鼓励和相互保护投资协定》，其中第三条第一款指出：缔约任何一方的投资者在缔约另一方的领土内的投资和与投资有关的活动应受到公正和公平的待遇和保护；第二款指出：本条第一款所述的待遇和保护不应低于其他给予第三国投资者的投资及与投资有关的活动的待遇和保护。

二、土地政策

1. 土地资源及土地价格

农业资源：立陶宛气候介于海洋性气候和大陆性气候之间，冬季较长，多雨雪，日照少，9 月中旬至第二年 3 月中旬温度最低，1 月份平均气温为－4～7℃；夏季较短而凉爽，日照时间较长，最温暖是 6 月下旬至 8 月上旬，7 月份平均气温为 16～20℃。全年植物生长期为169～202天。年平均降水量748毫米。陆地平均风速3～3.5米/秒，滨海平均风速5.5～6米/秒。

立陶宛农业以水平较高的畜牧业为主，占农产品产值的90%以上。农作物有亚麻、马铃薯、甜菜和各种蔬菜，谷物产量很低。森林资源较为丰富。森林面积212.6万公顷，森林覆盖率为33.2%，人均森林面积0.7公顷；木材蓄积量为4.9亿立方米，人均木材蓄积量为151立方米。自然保护区、国家公园及其他保护地占全国面积的12%。立陶宛共有1 800种植物。面积最大的森林主要集中在南部和东南部，多为针叶林，主要为松树。阔叶林占国土面积的2%，主要树种是橡树、桦树。森林中的蘑菇、浆果、草药资源也比较丰富。

良好的生态环境为动物提供了较佳的栖息地，在立陶宛共有70多种哺乳动物，既有硕大的欧洲野牛，也有体重仅有4克的鼩鼱，有13种飞鼠，还有被列入保护名单的白兔、猞猁、水獭，并有狼出没。其中，数量较多的是野猪、狍子、马鹿、驼鹿、狐狸、獴等，河狸的数量近4万只。立陶宛有大约330种鸟类，其中国鸟白鹳约1.3万对；99种鱼类，其中26种为海鱼；1.5万种昆虫和无脊椎动物。

土地价格：根据立陶宛《土地法》规定，外商在立陶宛获得土地以外的不动产不受限制，而除了农地和林地以外的土地只能由OECD、NATO或EEA成员国或与欧共体成员签署欧洲协议的国家的企业或个人获得。关于农林地的限制期立陶宛政府与欧盟已经从最初的2011年4月30日延期至2014年4月30日（表1）。

表1　立陶宛三大主要城市平均土地出售价格

单位：欧元/平方米

城市名称	土地价格
维尔纽斯	300～1 500（市中心） 60～200（市郊）

（续）

城市名称	土地价格
考纳斯	100～400（市中心） 35～100（市郊）
克莱佩达	50～1 200（市中心） 20～100（市郊）

资料来源：立陶宛投资署。

房屋租金及价格（表 2）：

表 2　立陶宛各主要城市租房价格

单位：欧元/平方米

地区	A 级办公楼月租金	B 级办公楼月租金
维尔纽斯	11～14	7～10.4
考纳斯	5.8～11	3.5～5.2
克莱佩达	6.4～11	3.5～5.8
	主要商业区商业房月租金	购物中心商用房月租金
维尔纽斯	7.2～29	4.3～11.6
考纳斯	7.2～16	4～6.7
克莱佩达	5.8～12	2.9～8.7
首莱	4.3～8.7	2.3～5.8
潘涅维日	4.3～8.7	2.9～5.8
	仓库月租金	—
维尔纽斯	2.9～4.3	—
考纳斯	2.9～4.1	—
克莱佩达	2.3～4.1	—

资料来源：立陶宛投资署。

2. 土地投资政策

根据立陶宛《土地法》规定，立陶宛土地按所有权可分为中央政府所有、地方政府所有和私有土地三种；按照土地使用目的分为农业用地、林业用地、水产业用地、保护用地和其他用地五种。

在立陶宛进行土地使用和开发包括以下程序：获得土地地块、对地块进行详细规划、建设施工、官方认定建设施工完毕并确定相应用途。

根据立陶宛宪法规定，只有符合《欧洲与泛大西洋一体化》标准的外国企业、自然人和机构有权拥有立陶宛土地，上述标准涵盖的国家包括：欧盟成员国、经合组织（OECD）成员国、北约组织成员国、欧洲经济区（EEA）国家以及与欧盟或其成员国签署合作协议（Association Agreement）的国家。来自上述范围之外的国家的企业、自然人和机构，也可以通过在立陶宛当地注册法律实体的方式，来获得土地所有权，不受实体外资占股比例的限制。外国企业/外国人也可以通过租赁的方式获得国有土地使用权，使用期限最长为 99 年。

据立陶宛《DELFI》通讯社 5 月 9 日报道，立陶宛政府通过决议，对收购农业用地行为进行了规定。根据新决议，自然人或法人，与其他关联法人可共同收购面积不超过 300 公顷的国有农用土地，但所有关联方拥有的国有农用土地总面积不得超过 500 公顷。同时，修正案规定，土地收购方须填报申请单。如收购金额超过 15 000 欧元，则买方须在申请单上注明资金来源。

三、税收政策

1. 税收制度和主要税率

税收制度：立陶宛税务系统由财政部下属税务监管局管理，并设有 10 个地区税务监管局。另外，海关署、环境部等部门参与相关税费的征缴管理工作。目前，立陶宛主要有以下税种：个人所得税，企业所得税，房地产税，土地税，增值税，消费税，遗产税及博彩税。

主要税率：

【公司所得税】

（1）针对立陶宛企业及外国企业在立的常设机构，企业所得税率为 15%。对小型企业只征收 5%的企业所得税（普通企业为 15%），起征点为 100 万立特（约 29 万欧元）。

（2）外国公司所得红利的税率为 15%。如外国公司拥有立陶宛公司 10%以上表决权的股票，且连续持有时间（含分配红利的时间）超过 12 个月，则其获得的红利免征所得税。在欧洲经济区内注册的企业在立陶宛获得的分红收入免征所得税。

（3）自 2008 年 4 月起，立陶宛采用激励研发的税收措施，如将企业用于研发的费用 3 倍抵扣征收企业所得税的所得收入基数、用于研发的固定资产加速折旧等。

（4）若企业暂停经营活动，停业期间可免交企业所得税。

【个人所得税】

（1）自 2009 年 1 月 1 日起，立陶宛个人所得税率调整为 15%。

（2）个人所得税免征额度按如下方法计算：月收入免税额度为 470 立特－0.15×(工资收入金额－800 立特)；如个人年工资收入不超过 9 600 立特，年个税免征额为 5 640 立特；如个人年工资收入在 9 600～37 800 立特，年个税免征额为上述公式计算；个人年工资收入超过 37 800 立特的，不享受个税免征额度。

（3）对于抚养 1 个或 1 个以上孩子的家庭，实施相应的个税优惠政策。

（4）下列情况个人所得免征所得税：符合法律规定的保险赔偿金、利息收入、慈善收入、农业活动所得、海员收入等。

【增值税】立陶宛对货物生产过程中产生的增值部分、提供的劳务及货物进口征收增值税，税率为 21%，法律规定的特例除外。公司增值税起征点为年营业额 15.5 万立特（约 4.5 万欧元）。

【房地产税】

（1）立陶宛对本国和外国的自然人及法人征收房地产税。征收对象包括自然人所有的用于商业目的（如办公、宾馆、贸易、服务及餐饮等）的房地产，或用于住宿、园艺、温室等的房地产，以及在立陶宛境内的法人所有的房地产。

（2）房地产税按照房地产征税价格的0.3%～1.0%征收。地方政府可根据下列条件自行确定特别税率：房地产使用目的、房地产保养状况、纳税人类型（规模、形式或社会地位）及房地产在行政区划中所处位置。

（3）下列情况房地产免征房地产税：自然人所有的用于农业、教育、社会保障和宗教仪式所用商品的生产的房地产、立国有及地方政府所有或国有组织和企业及地方组织和企业所有的房地产、自由经济区内的房地产、贸易联盟所有的房地产、已破产公司所有的房地产等。

（4）对每个自然人名下房产总价值超过100万立特（约29万欧元）的部分征收1%的奢侈税。

【土地税】立陶宛对私有土地按年以土地价格的1.5%征收土地税；对于农业用地、公寓住宅所有者及住宅建设协会、联合体及合资公司所拥有的土地以0.35%的税率征收土地税；对于用于经济、商业活动的土地、私有房产建设用地以0.5%的税率征收土地税。

【消费税】立陶宛参照欧盟的相关做法，对酒及含有酒精的饮料、烟草及能源产品征收消费税。

【污染税】因商业行为对立陶宛环境产生污染的个人和企业将被征收污染税，进口和生产特定产品（如轮胎、电池、电子产品等）的企业，也将被征收污染税，税率根据具体情况而定。

2. 关税政策

关税政策：立陶宛于2001年5月31日加入世界贸易组织，成为WTO的第141个正式成员。2004年5月1日立陶宛加入欧盟，成为欧盟大市场的一部分，实行欧盟统一的外贸政策，遵守所有欧盟与第三国和国际组织的承诺，执行欧盟统一的关税、配额、数量限制、技术标准及其他措施。在立陶宛生产的产品可获欧盟原产地证。立陶宛遵循欧盟与马其顿、阿尔及利亚、埃及、以色列、黎巴嫩、摩洛哥、巴勒斯坦、叙利亚、突尼斯、约旦、南非、墨西哥、智利及ACP（非洲—加勒比海—太平洋）国家签署的自由贸易协议（特惠）。

欧盟实行共同关税政策，各成员国执行统一的关税税率和管理制度。1987年欧盟《关于关税和统计术语及关于共同海关关税的第（EEC）2658/87号理事会规则》，建立了欧盟统一对外贸易适用的所有海关税率和共同体规则。该规则是欧盟在关税方面的基本法律。1992年，欧盟颁布了《关于建立欧盟海关法典的第（EEC）2913/92号理事会规则》（以下简称"《欧盟海关法典》"）对共同海关税则、原产地规则及海关估价等做出统一规定。2008年4月23日，欧洲议会出台《关于废止〈欧盟海关法典〉的第（EU）450/2008欧洲议会和理事会规则》，对《欧盟海关法典》进行全面修订。新法典大大简化了现有的海关程序，逐步推行海关手续电子化，方便进出口商追踪货物运送情况，并推出"一站式平台"的海关服务概念，针对不同用途（如海关、动物检验及环境等）而进行的检验将由所有部门同时同地进行。该法规的颁布标志着欧盟的海关制度进入现代化阶段。

欧盟每年以委员会规则的形式调整并发布新的海关税则。根据WTO数据，欧盟2011年的平均关税（MFN）为6.4%，比2009年的5.3%有所上升。

欧盟的进口管理制度主要涉及共同进口原则、针对某些第三国实施的共同进口原则、配额管理的共同体程序、普惠制以及其他进口管理措施等方面。其中，根据欧盟的配额管理规定，若某些产品在欧盟内供应不足，或未有供应，理事会可以批准部分符合关税配额资格的产品以较低税率或零税率输入欧盟，一旦进口数量达到限额或当配额有效期届满时，欧盟便会恢复征收正常税率的关税。在现行普惠制方案中，在 2009 年 1 月 1 日至 2011 年 12 月 31 日内，我国能享受欧盟普惠制优惠待遇的产品有：农产品、矿产品、木浆和纸及纸制品等，大部分工业产品被排除在欧盟普惠制优惠待遇之外。

欧盟出口管理制度主要涉及共同出口原则、出口信用保险、两用产品及技术出口、文化产品出口、酷刑器具贸易及其他出口管理制度等方面。欧盟在新能源、建筑节能及废物处理等环保领域拥有强大的技术优势，但长期以来，欧盟在对华高技术出口问题上一直不肯放宽限制。同样，欧盟多年来也一直严格限制核材料设备、复合材料化学制品、大功率直流电源、电流脉冲发生器、高性能计算机、传感器、激光器、船舶、航空电子设备、推进系统航天器等高技术产品的出口。

2003 年 3 月 3 日，欧盟颁布《关于针对原产于中国进口产品的特定产品过渡性保障机制以及修改第 519/94 号理事会规则的第 427/2003 号理事会规则》。该规则以《中国入世议定书》第 16 条为依据，确立了针对中国进口产品的过渡性保障机制。特定产品过渡性保障机制将于 2013 年 12 月 11 日到期。

农产品关税：2011 年欧盟农产品的关税较高，平均关税达 15.2%，比 2009 年的 13.5%有所上升。所有 100%以上的税率均适用于农产品，主要涉及肉、蛋、糖、谷类，农产品关税税率从 0～200.6%，200.6%的税率适用于精制蘑菇，加甜牛奶和奶油的税率也高达 164.8%。非农产品中税率最高的为机动车（22%）和鱼类（22%～26%）。欧盟对 8.7%的产品征收 15%以上的高关税，这个数字也比 2008 年的 8.3%有所提高。中国向欧盟出口的鞋类、蔬菜、水果、鱼肉、食品、烟草、自行车等优势产品均属欧盟关税高峰涉及的产品。

欧盟对水果蔬菜类产品征收季节性关税。即针对某种蔬果类产品，将一年划分为 10 个左右不等的时间段，在每个时间段又将该种蔬果产品划分为5个到10余个价格区间，在每个时间段对每种价格区间的蔬果产品征收不同的关税，关税以从价税、复合税或混合税等不同方式计征。

欧盟在对进口糖类、面粉类食品征收关税时，不仅以从价税征收进口关税，还根据该类食品中所含无水乳脂肪、乳蛋白、蔗糖、淀粉这四种产品成分的不同含量征收从量附加关税。欧盟每年公布一次具体征税办法，所涵盖的糖或面粉类食品均须申报这四种产品成分含量，再根据欧盟提供的计算表计算出具体的附加关税额。

欧盟自2007年4月1日起，根据第（EC）341/2007号欧委会规则，对进口大蒜实施配额管理，配额内的大蒜征收9.6%的进口关税，配额外的大蒜征收9.6%的从价税和1 200欧元/吨的从量税，其中，对中国和阿根廷进口大蒜的配额分配方法与其他非欧盟国家有所不同。2011年，欧盟继续沿用2007年制定的中国大蒜进口配额分配方式，即分为四个季度分配，不得跨季度使用。

3. 投资税收优惠政策

吸引外资特别税收政策：

【特别关税区、保税区】目前，立陶宛建有4个工业园、2个自由经济区和5个高新技术园区。

工业园分别位于首莱、凯代尼艾、潘涅维日和阿利图斯市，2011年园区实际面积均为50公顷左右，首莱工业园规划面积为219公顷，凯代尼艾工业园为132公顷，潘涅维日工业园为58公顷，阿利图斯工业园为49公顷。在工业园投资，地方政府可为投资者提供土地和房产税减免等优惠政策。

自由经济区分别位于立陶宛第二大城市考纳斯的“考纳斯自由经济区”和第三大城市克莱佩达的“克莱佩达自由经济区”。考纳斯自由经济区2011年实际占地面积为294公顷，规划面积为534公顷；克莱佩达自由经济区2011年实际占地面积为260公顷，规划面积为412公顷。泰国塑料制品厂商INDORAMA公司、世界最大的线束生产商YAZAKI公司、芬兰最大的建筑商YIT和世界最大的建材生产商 HEIDELBERGCEMENT 公司均在自由经济区投资设厂。

立陶宛自由经济区主要实行如下优惠政策：

（1）免不动产税（不动产价值的1%）。

（2）免道路税（税率为营业额的0.5%）。

（3）如投资额超过100万欧元，则自公司注册之日起6年内免企业所得税，后10年减半征收（企业所得税税率为15%）。

（4）免外方投资者红利税（税率为15%），但企业所享受的税收优惠累计总额不能超过其投资额的65%（中小企业）和50%（大企业）。

另外，区内企业如符合相关条件，可申请利用欧盟基金的财政援助。

立陶宛正在维尔纽斯、考纳斯和克莱佩达建设5个高新技术园区，主要吸引激光技术、纳米、半导体、电子、生物、环保、能源等领域企业投资设立研发中心等机构。

目前，尚无中国企业入驻上述工业园、自由经济区和高新技术园区。

四、投资政策

1. 投资主管部门及相关法规

投资主管部门：立陶宛主管投资和外国投资的部门较多，包括政府机构和非政府机构。立陶宛投资政策制定机构为立陶宛经济部，执行机构主要是立陶宛投资署（Invest Lithuania），隶属于立陶宛经济部。投资署主要职能是为外国投资者提供本国商业环境和相关投资信息，吸引外国投资者到立陶宛投资。此外，立陶宛参与投资促进工作的机构还有立陶宛自由市场协会（Lithuanian Free Market Institute）、投资者论坛（The Investors' Forum）和立陶宛国际商会（Lithuanian International Chamber of Commerce）等。

投资法律法规： 立陶宛与投资合作相关的主要法律。

《投资法》(《LAW ON INVESTMENT》)，该法对在立陶宛投资的条件、投资者的权利及投资保护措施做出了规定。

《立陶宛外国投资法》(《REPUBLIC OF LITHUANIA LAW ON FOREIGN CAPITAL INVESTMENT IN THE REPUBLIC OF LITHUANIA》)，该法规定了外国投资者与立陶宛法人、自然人以及政府的关系。

《立陶宛外资禁止或受限商业领域法》(《REPUBLIC OF LITHUANIA LAW ON SPHERES OF BUSINESS ACTIVITY WHERE IN FOREIGN INVESTMENT IS PROHIBITED OR LIMITED》)，该法规定了外资禁止参与或受限参与的商业活动的范围。

《立陶宛集体投资企业法》(《REPUBLIC OF LITHUANIA LAW ON COLLECTIVE INVESTMENT UNDERTAKINGS》)，该法规定了集体投资企业在立陶宛的经营范围及政府监管内容。

《立陶宛投资公司法》(《REPUBLIC OF LITHUANIA LAW ON INVESTMENT COMPANIES》)，该法规定了在立陶宛设立投资公司的相关条件及权利和义务。

2. 投资行业规定

立陶宛于1999年颁布实施《投资法》，该法适用于国内和外国投资。根据该法，外国投资者和立陶宛本国投资者享有同样的权利，平等对待。除了涉及国家安全及国防领域以及彩票行业之外，外国投资者可以进入立陶宛各个经济领域不受限制。

2007年12月19日，立陶宛政府通过了“2008—2013年投资促进战略”。该战略的主要目的是改善立陶宛的投资环境，建立灵活的劳工和税收制度，加大工业区的建设力度，并对符合条件的投资项目给予直接的资金支持。战略中提出的具体措施主要有以下几个方面的内容：

(1) 改善投资环境。修改《劳动法》、《税法》和《法人注册登记法》，提高劳动雇佣关系的灵活性。鼓励在高新技术和高附加值领域的投资，给予科研企业税收优惠政策。制定方便公司注册的登记制度（规定公司注册登记的时间不超过 1 个小时）。

（2）加快工业园建设，改善工业园的基础设施及建立投资信息服务系统，并利用欧盟援款给予资金支持。

（3）对于符合条件的总额超过 2 000 万立特的“绿地投资”或总额超过 500 万立特的设立研发中心的投资，立陶宛政府可以给予资金支持。但累计资助总额不超过其投资总额的 50％，而且应满足以下任一条件：①在立陶宛境内设立研发中心；②跨国公司在立陶宛设立分支机构，且该分支机构从事的商业行为或服务具有跨国性质；③拥有国际知名品牌的跨国公司在立陶宛投资；④拥有高新技术的跨国公司在立陶宛投资；⑤投资设立带有研发部门的公司，且研发部门的投资额占整个项目投资的 20％以上；⑥投资设立的公司能够提供至少 20 个 3 年以上的工作岗位，且其中 50％以上的岗位的薪水超过国家平均工资的 3 倍；⑦投资设立公司的产品 70％以上用于出口，且公司在新的生产设备的投资额占总投资的 50％以上。

3. 投资方式及出资额度限制

立陶宛法律规定的外国投资方式主要有：①设立公司或收购一个正常经营的公司部分或全部的所有权；②购买各类证券；③创造、获得或者增加长期资产的价值；④通过提供资金或其他资产的方式获得一个公司的控股权；⑤缔结转让或租赁协议等。

立陶宛政府对企业并购实施控制，以维护竞争有序的市场环境。重大企业并购交易须向立陶宛竞争委员会申报，申报时间必须为参与企业并购交易的各方达成协议后 1 周之内。立陶宛竞争委员会在审批上述申报过程中将听取与并购企业有竞争关系的企业、消费者和其他利益相关方的意见。审批实行两审制，一审、二审时限分别为 1 个月和 4 个月。

立陶宛法律规定的企业形式有 11 种，其中外国投资企业最为常用的是设立责任有限公司（UAB）及股份有限公司（AB）。责任有限公司（UAB）最低注册资本为 2 896 欧元，股份有限公司（AB）最低注册资本为 43 443 欧元。

4. 外资企业的利润及汇出限制

立陶宛进入外汇市场无限制，完税后资本与红利的流动不受限制，外资企业可以将投资获得利润自由汇出。

五、融资政策

1. 外汇管理

立陶宛货币为立特（LITAS），辅币为立分（CENTAS），1 立特=100 立分。立陶宛自 2002 年 2 月起将立特与欧元的汇率挂钩，并可自由兑换，立特与欧元的固定汇率为 1 欧元=3.452 8 立特。2012 年 3 月 31 日，美元兑立特的汇率为 1 美元=2.589 6 立特。2008—2011 年，美元兑立特的平均汇率分别为 1 美元兑换 2.356 9、2.482 8、2.606 7、2.481 7 立特。目前，人民币在当地不能直接结算或兑换。

立陶宛自 1993 年 8 月 1 日起开始实施《外汇法》，该法规定外国公民和法人有权在立陶宛银行开设外汇账户，外汇交易必须在立陶宛中央银行许可的银行机构进行。根据立海关有关规定，如携带 1 万立特（约合 2 900 欧元）以下现金或等价值证券、股票等出入境，必须申报；严禁携带 50 万立特（约合 14.48 万欧元）以上的现金或等价外国货币出境。

2. 银行机构

银行体系：立陶宛银行（Bank of Lithuania）为立陶宛中央银行，它独立于立陶宛政府及其他机构，主要职能包括发行本国货币、制定和实施货币政策、确定本国货币汇率机制并发布官方汇率、颁发或撤销本国金融机构许可证、批准外国银行设立分支机构或办事处、对金融机构进行监管等。

立陶宛目前共有8家商业银行，8家外国银行分行及68家合作社性质的贷款联盟。外资占立陶宛银行总资本的比例超过80%，主要来自瑞典、丹麦等北欧国家。立陶宛国内最大的商业银行SEB，由瑞典SEB集团持股98%，该银行客户数量接近100万，资产达180.2亿立特（约52亿欧元），存贷款量占立陶宛存贷款市场的1/3左右。第二大商业银行SWEDBANK由瑞典SWEDBANK集团控股，该银行的存款量占立陶宛相关业务市场份额的30.3%，贷款占26.7%。第三大商业银行DnB NORDBANKAS由德、挪合资，双方共拥有该银行93.11%的股份，该银行在立陶宛商业银行市场上资产占12%，贷款业务占15.2%，存款业务占10.6%。

中资银行：中国国家开发银行于2008年在立陶宛设立工作组，主要为中立企业开展重要经济合作项目提供融资咨询服务。

3. 融资条件

立陶宛于2001年11月29日成立了投资与商业担保公司（Invega），为中小企业（员工总数不超过250人）提供贷款担保。企业运营时间超过3年的，可获得担保额度最高为500万立特（约合144.8万欧元），运营时间不满3年的，可获得担保额度最高为200万立特（约合57.9万欧元）。企业获得担保，须一次性支付担保额度1%或1.5%的担保费。该公司为对外国在立陶宛企业申请贷款担保设立特殊规定。立陶宛经济部负责对该担保公司的监管。2011年1月，立陶宛金融机构对非金融企业及居民1年期本币贷款平均利率为4.97%，1年以上本币贷款平均利率为10.11%。

六、劳工政策

1. 劳动力供求状况

据立陶宛统计局统计，截至2011年底，全国劳动人口162万人，就业人口137万，据世界银行数据显示，2010年立陶宛农业就业人员总就业人员的9%，其中男性农业就业人员占男性就业人员的11.5%，女性农业就业人员占女性就业人员的6.8%。

立陶宛2011年失业人口25万人，失业率为15.4%，在欧盟属于失业率较高的国家。失业率较高，人才外流现象也较为普遍，对外国劳务的需求较为有限。2011年，立陶宛共向3 327余名外籍劳务人员发放劳动许可，其中中国公民173人，其中大部分为厨师。

2011年，立陶宛居民税前平均月工资2 042立特（约合823美元），每月最低工资标准800立特（约合306美元）。

2. 劳动就业规定

劳动合同期限：劳动合同必须符合《劳动法》确定的格式，且必须签订书面合同。合同内容必须包括合同有关方必须遵守的条款，如工作地点、工作内容、合同时限，固定工作内容的合同不得确定雇佣时间。雇佣双方必须在合同内明确工作报酬。立陶宛《劳动法》规定，只有在如下情况下方可终止劳动合同：①雇佣方破产且不再继续经营；②被雇佣方死亡；③雇佣双方就解除雇佣合同达成协议；④雇佣合同到期；⑤雇佣方提前通知；⑥被雇佣方提前通知等。在被雇佣方无过错的条件下，雇佣方也可出于善意终止雇佣合同。但雇佣方必须在终止雇佣关系前2个月书面通知被雇佣方。

报酬和额外薪金：每月最低工资标准为800立特（约合306美元）。加班工资至少应为正常工资的1.5倍以上。

劳动时间：普通工种的工作时间不得超过每周40个小时，每天不超过8个小时。标准的每周工作时间为5天，特殊情况下不得超过6天。雇佣方可要求被雇佣方加班工作，但加班时间不得超过连续两天总计4个小时，或每年不得超过120个小时，特殊情况下在双方同意的前提下，加班时间不得超过每年180个小时。

辞退赔偿：在雇员无过错而雇主主动提出要辞退雇员的情况下，雇员有权获得遣散费，遣散费的数目取决于雇员为雇主服务的时间长度：达到1年的，给予1个月的平均工资；1～3年的，给予2个月的平均工资；3～5年的，给予3个月的平均工资；5～10年的，给予4个月的平均工资；10～20年的，给予5个月的平均工资；20年以上的，给予6个月的平均工资。

雇主的其他义务：雇主要处理好与工会组织的关系，切实保障雇员合法权益，减少劳资纠纷，维护企业正常经营秩序。另一方面，积极参加当地有关商会、协会，了解业内工资待遇水平和处理工会问题的常用做法，严格遵守有关雇用、解聘和社会保障方面的规定，依法签订雇佣合同，定期足额缴纳社会保险金等，严格执行有关休假制度，避免不必要的劳资纠纷。

企业社会保险的缴纳：立陶宛国家社会保险体系包括养老、疾病、失业、意外和健康五险，但雇主并没有法定义务给雇员提供额外的个人保险。然而，根据商业活动的性质，雇主有可能被要求购买雇员额外保险，例如企业的职业责任险和商业责任险。

3. 外籍人员工作的规定

欧盟以外国家的非立陶宛常住人口可在立陶宛临时工作，但必须得到立陶宛劳动交易所颁发的劳动许可。欲在立陶宛工作3个月至半年的外国公民必须获得临时居留许可。外国公民可向立陶宛各驻外使领馆申请居留许可，已合法进入立陶宛境内的外国公民可直接向立陶宛内务部下属的移民局提交申请。持有立陶宛短期访问签证的外国公民不能申请居留许可。

除特殊情况外，与外国公民签署的劳动合同必须于合同签订起3日内报立陶宛劳动交易所登记备案。外国公民在立陶宛工作内容亦不得超出工作许可所规定的范畴。

4. 工作证办理

主管部门：立陶宛劳动交易所，隶属于立陶宛社会保障与劳动部。

工作许可制度：立陶宛用人单位在雇用非欧盟国家的劳务人员之前，应在欧盟统一的劳务网站上刊登相应岗位的人员招聘信息，如1个月内无欧盟国家公民应聘，可向所在地劳动交易所为拟雇用的非欧盟国家劳务人员申请劳动许可。用人单位申请劳动许可应在申请表上注明劳务人员的工种和职位，该劳务人员从事本专业工作时间不得少于5年，有关职称和技能证明需要经过认证。立陶宛劳动交易所应当自受理用人单位申请之日起3个月内完成审核工作，并根据立陶宛劳动市场的供求情况决定是否颁发劳动许可。劳动许可期限一般为1年，最长不超过2年，期满后外来劳务人员需出境重新申请。如存在下列情形之一，立陶宛劳动交易所有权取消劳动许可：以欺骗手段获得劳动许可；获得劳动许可后1个月内雇主与外来劳务人员没有签订劳动合同；外来劳务人员超出劳动许可范围从事其他工作；雇主与外来劳务人员的劳动合同被撤销或失效等。立陶宛劳动交易所取消劳动许可后应在7天内将这一决定以书面形式通知雇主、外来劳务人员和立陶宛移民局。

为了保障中立劳务合作健康有序发展，2008年10月，中国驻立陶宛使馆经商参处与立陶宛劳动交易所建立劳务合作工作机制，即立陶宛劳动交易所在为立陶宛方用人单位雇佣中国劳务工人颁发劳动许可之前，将就与立方用人单位合作的中方派出企业是否具有中方合法资质等事宜书面征询我国经参处意见，并将我国经参处的书面答复意见作为颁发劳动许可的重要参考依据。2010年1月份，因立陶宛劳动交易所内部有关职能处室进行了调整和整合，双方再次签署了《中国驻立陶宛使馆经商参处与立陶宛劳动交易所劳务合作工作机制协议》。

申请程序：申请应该由雇主方提交，如在立陶宛工作时间不超过1年，须向立陶宛劳动交易所申请工作许可，并向立陶宛相关外使领馆申请D类签证，如没有该类签证，则须办理临时居留许可；如在立陶宛工作时间超过1年，雇主方须向劳动交易所申请工作许可，并向立陶宛移民局申请居留许可。

提供资料：①基于公司间合同的工作许可：申请表格，有效护照证件的复印件，有效的资质证明，从业经验证明文件，公司间合同，雇主与被雇用方本人间的雇用合同，拟从事工作岗位的说明。

②基于被雇用者本人与雇主间合同的工作许可：申请表格，有效护照证件的复印件，被雇用者永久居住地证明文件，有效的资质证明文件，从业经验证明文件，被雇用者工作经历，拟从事工作岗位的说明。具体而言，资料包括雇主同意雇用外国人的协议（按规定格式）、企业登记证的复印件、保险登记证的复印件、个人身份证的复印件、外国人学历证明（需翻译成立陶宛文）。

七、农业保险和外商农业投资保险政策

欧盟农业保险主要以合作保险和相互保险为主体，政府按规定对相互保险协会和农业再保险机构定期给予补贴。立陶宛有针对农业保险政策，与大多数欧盟国家采取的农业保险补贴方式一样，是私营与政府部分补贴相结合的模式，农业保险主要有少数几家规模较大、占支配地位的私营保险机构来经营，政府则通过相关机构提供农民投保保费补贴、保险公司费用补贴及再保险补贴三部分，类似于“公私合营”模式。对于这些私营保险机构而言，服务和价格的竞争机制较为常见，而立陶宛除了农作物保险外，保险机构之间存在价格竞争。而在灾害基金和灾害救济方面，是政府公共免费的。就雹灾保险和家禽保险而言，立陶宛 2004 年总保费 110 万欧元，是保险价值的 4.3%，而补贴金额为 0.55 百万欧元，占保费的 50%。

八、我国已经与合作国所签署的双边投资保护协定

1. 双边投资保护协定

1993 年 11 月，中国和立陶宛签署《中华人民共和国政府和立陶宛共和国政府关于鼓励和相互保护投资协定》。

2010 年 6 月，中国和立陶宛签署《中华人民共和国商务部和

立陶宛共和国经济部关于建立双边投资促进工作组的谅解备忘录》。

2. 其他协定

1992 年 1 月，中国和立陶宛签署《中华人民共和国政府和立陶宛共和国政府经济贸易合作协定》。

1996 年 6 月，中国和立陶宛签署《中华人民共和国政府和立陶宛共和国政府关于对所得和财产避免双重征税和防止偷漏税的协定》。

九、有关农业生产、收储、加工、流通的其他鼓励或限制政策

立陶宛执行欧盟统一的进出口商品检验检疫制度。此外，立陶宛有关法律法规还有《消费者保护法》、《产品质量法》、《烟草管理法》、《生物燃料法》和《建筑法》等。立陶宛设有非食品检验检疫局，该局由原来的立陶宛国家质量检验局、国家卫生局和国家兽医局重新整合而成。该局职责主要包括：对进入立陶宛市场的消费类产品的强制安全标准和商标规范进行监管；禁止危险的非食品产品进入立陶宛市场；对不合格产品进行调查并保护消费者权益等。

修改农产品及有关产品的最大残留标准：2011 年 2 月 4 日，欧盟委员会发布了第 G/SPS/N/EEC/393 号通报和第 G/SPS/N/EEC/395 号通报，修改欧洲议会及理事会第 396、2005 号法规附件Ⅱ和Ⅲ有关某些产品的最大残留标准，提高某些产品中的阿维菌素（Abamectin）、啶虫脒（Acetamiprid）、嘧菌环胺（Cyprodinil）、恶醚唑（Difenoconazole）、烯酰吗啉（Dimethomorph）、甲氧虫酰肼（Methoxyfenozide）、百草枯（Paraquat）、咪鲜胺（Prochloraz）、螺螨酯（Spirodiclofen）、丙硫菌唑（Prothioconazole）及苯酰菌胺（Zoxamide）等的最大残留标准。这些最大残留限量（MRL）符合 2010 年 7 月 CAC（食品法典委员会）批准的 Codex 最大残留限量（CXLs）。

修改关于动植物质食品饲料杀虫剂最大残留标准：2011年4月12日，欧盟委员会发布了第G/SPS/N/EEC/398号通报，欧盟委员会制定法规草案，修改欧洲议会和理事会2005年2月23日第（EC）396/2005号法规附件Ⅲ——关于动植物质食品饲料内/表杀虫剂最大残留标准及修改理事会91/414/EEC号指令。该草案修改了（EC）396/2005号法规附件中某些商品的最大残留限量（MRL），啶虫脒（Acetamiprid）、伐虫脒（Formetanate）及碘苯腈（Ioxynil）的限量有提高有降低。对欧盟新用农药放宽了MRL，而对更新限量和（或）欧盟撤销注册的或无充分数据支持的旧用途则加严了MRL。该法规于2012年3月生效。

修改关于家禽肉内沙门氏菌含量标准：2011年4月14日，欧盟委员会发布了第G/SPS/N/EEC/399号通报，欧盟委员会制定法规草案，修改欧洲议会和理事会第（EC）2160/2003号法规附件Ⅱ及第（EC）2073/2005号法规附件Ⅰ——关于家禽肉内沙门氏菌。第（EC）2160/2003号法规规定，自2010年底起，除非符合25克沙门氏菌含量标准，否则原鸡类育种禽群、蛋鸡、嫩鸡和火鸡鲜家禽肉，不得投放市场供人消费。该法规还规定，应制定该标准的细则，尤其是抽样计划与分析方法。本提案草案的目的是修改第2073/2005号法规，通过制定鲜家禽肉沙门氏菌食品安全标准细则落实第2160/2003法规。该标准是肠炎沙门氏菌（Salmonella Enteritidis）和鼠伤寒沙门氏菌（Salmonella Typhimurium）而设置的。建议以ISO6579水平分析方法为基准法，在产品有效期内投放市场期间，5份25克样品不得含血清型沙门氏菌。该法规于2011年12月1日生效。

乌 拉 圭

一、投资者国民待遇

1. 投资者国民待遇

乌拉圭政府对当地和外国投资者一视同仁，特别是鼓励能够创造就业机会、引进高科技技术、增加出口的外资企业。优惠政策一般通过减免税收体现，企业在人员培训、研发投入、生产资料进口等方面均可以享受一定比例的税收优惠。1998 年，乌拉圭通过的 16906 号法（即《本国投资及外国投资促进保护法》）进一步确立了外资的国民待遇、免于登记及核准、法律稳定性、第三方裁决以及自由兑换等优惠措施。

2. 最惠国待遇

目前，乌拉圭没有给予中国最惠国待遇。

二、土地政策

1. 土地资源及土地价格

农业资源：乌拉圭国土面积 176 215 平方公里，大部分地区地势平坦，南部是起伏的平原，北部和东部有少数低山分布，西南部土地肥沃，东南部多斜坡草地。全国农业用地 1 486.4 万公顷，其中，可耕地面积 164 万公顷，固定耕种面积 3.3 万公顷，灌溉面积

21.8万公顷，牧业用地面积1 319.1万公顷。乌拉圭属温带气候，1～3月为夏季，气温17～28℃，7～9月为冬季，气温6～14℃。年降水量由南至北从950毫米递增到1 250毫米。农牧业在乌拉圭国民经济中占重要地位，农牧产品大部分供出口。其中肉类、羊毛、皮革等传统产品出口占出口总额的1/3以上，是世界第六大稻米出口国。

土地价格：2008年乌拉圭通过的有关土地方面的法律法规中，全国19个有独立制定土地管理使用权的省市其管理和规定各有不同。

据统计，近九年乌拉圭土地连续上涨，2010年，乌拉圭土地每公顷平均销售价格同比增长13.1%。2010年第三季度，平均售价达到最高值为2 882美元/公顷，第四季度回落为2 652美元/公顷。2010年全国土地交易量2 093件，涉及土地33.6万公顷，交易量上升13.3%，交易土地面积同比上涨4%。2011年，每公顷均价3 196美元，其中北部边境地区1 461美元/公顷，中西部农牧业地区5 900美元/公顷，最高可达12 000美元/公顷。

房屋租金及价格：2007年，居民住房出租价格上涨了24.2%。房屋出租平均价格按地区统计，Carrasco地区价格最贵（9 189比索），PuntaGorda地区第二（6 980比索），价格最便宜的是Casavalle地区（2 028比索）和Manga地区（2 074比索）。房屋出租率最高的是Cordon地区（4.8%）和Union地区（3.6%）。

2. 土地投资政策

乌拉圭法律允许外国投资者经政府批准购买土地。据乌拉圭《国家报》2011年2月10日报道，近几年外国人在乌拉圭购买农牧用土地的现象越来越多，导致乌拉圭土地价格10年中翻了几番。根据乌拉圭农牧渔业部的统计，最近十年，农业用地交易面积共达550万公顷，约占全国农地面积的25%。仅2010年上半年，外国人在乌拉圭购置农牧土地960起，交易面积18万公顷，金额4.51亿美元，主要买主是阿根廷和巴西人。目前，在外国人手中的土地已占乌拉圭农牧土地11%。外国人在乌拉圭购买耕地及土地所有权向少数人集中的趋势已经引起了政府的关注。2010年底，乌拉圭总统穆希卡会见政党广泛阵线的三名议员，要求他们制定一个法律，限制土地的外国化趋势，包括以下内容：限制购地数量，或规定耕地只能出售给乌拉圭法人和自然人。另外，议员们还考虑取消对外国投资农业的税收优惠等。

三、税收政策

1. 税收制度和主要税率

税收制度：乌拉圭实行属地税制，对在乌拉圭境内产生的收益实施征税。税收以间接税为主，如增值税占税收总额的56%，特别税占23%，合占国家税收总额的79%。直接税、盈利税和财产税所占的比例较小。乌拉圭有关方面正在研究降低增值税2个百分点的方案。

主要税率：

【公司税】主要包括以下几种：

（1）对企业设立经济活动所得税、替代工商所得税、农牧业收入所得税和小企业税，税率为25%。对那些重新分配利润或不将利润用于再投资的企业，征收30%利润税；对那些将资金用于研究和创新的企业，予以免税。

（2）增值税由23%降至22%，当税改结果与财政执行的预期结果相符时，增值税将逐渐降至20%。

（3）设立金融系统监督税，征收的税款将用于中央银行改善监督职能。银行、中介机构、兑换所、福利储蓄基金管理委员会、证券交易所、经纪人、有价证券发行人都应交纳监管税。

（4）贷款利息税。对于银行贷款利息收入征收12%的利息税。

（5）无印花税。

【自然人所得税】每年在乌拉圭居住183天以上，或主要经济利益在乌拉圭者须交纳自然人所得税。自然人所得税包括两部分：资本所得税税率在3%～12%，劳动所得税在0～25%递增。

工人和退休人员凡月收入低于7 410比索的，免于纳税。凡月收入介于7 411～14 820比索的，税率为10%。依此类推，收入越高，税率越高，月收入超过100 900比索的，税率为25%。

一年以下的存款税率为5%，一年以上的存款利息税为3%；福利储蓄基金管理委员会（AFAP）制定的公债券利息、股息（红利）、上缴的利润、纳税人缴纳的经济活动所得税、银行企业资本税、转让股份和其他一些派生性税项均免除自然人所得税。

【非居民所得税】乌拉圭非居民所得税税率介于3%～12%。

【资产税】资产税是针对国内的所有资产扣除相关负债后征收的税款。目前，对生产型企业和商业公司征收1.5%的资产税，对银行业资产征收2.8%的资产税。

对自然人的非工业、商业和农牧业资产按0.7%～3%的累进税率征收；对家庭、单位资产中超过45 000美元部分，征收双倍税款。用于农牧业生产的资产免征资产税。

【增值税】乌拉圭大部分商品的增值税税率为22%，医药等商品为10%，特殊商品及服务免税。

【特许权税】在当地第一次销售的某些商品（烟、饮料、化妆品等）须交纳此税。具体税率由行政部门按有关法律决定。

2. 关税政策

关税政策：为进一步开放市场和吸引外资，从1993年起，分类进口关税分别为10%、15%和20%，免税范围也有所扩大。

（1）关税为20%的商品主要包括：国内能自行生产，且基本满足需求的各类消费品；具有较高工业附件值的工业制成品，半制成品。

（2）关税为15%的商品主要有：进口后在当地进行加工，实现增值后即可投放市场的半成品或成品；以及国内有生产，但不能满足需求，确需从国外进口的产品。

(3) 关税为10%的商品为：国内不能生产的设备及配件，原材料等。

(4) 对"国家利益项目"，进口设备材料免征关税、进口附加税、增值税和国内特别税。

农产品关税：农牧业生产资料、肥料、生产肥料所需而国内又不能生产的原料、种子、防治动植物病虫害所需而国内又不能生产的疫苗，及与动植物繁殖技术有关的设备和技术免征进口关税。

3. 投资税收优惠政策

【减免税政策】乌拉圭政府对当地和外国投资者一视同仁，特别鼓励能够创造就业机会、引进高科技技术、增加出口的外资企业。优惠政策一般通过减免税收体现，企业在人员培训、研发投入、生产资料进口等方面均可享受一定比例的税收优惠。

【投资鼓励政策】2005年以来，乌拉圭政府为了解决国内建设资金短缺和就业问题，加大了招商引资力度，欢迎国外企业在交通运输、林业开采、乳制品加工、农牧业资源开发和加工出口等领域开展投资业务。同时，为进一步加快国有企业的私有化进程，鼓励外企在诸如铁路、炼油、港口、油气勘探和开发等原限制性开发领域与乌拉圭国有企业联合成立新的合资公司。按照规定，投资者进口的机器设备和原料以及产品出口均予以免税。如果所生产产品的50%以上属乌拉圭，该产品即可获得乌拉圭原产地证书，享受南共市内产品自由流通和免税待遇。

【特别关税区、保税区】乌拉圭在国内各省和首都蒙得维的亚设立了自由区，为企业在贸易、仓储、产品加工、设立工厂、开展咨询、金融、信息等服务业提供场所。自由区内企业可享受的优惠政策主要有：

(1) 免交国家的所有税收，包括所得税。

(2) 不免除社会保险税，但未达到社会保险金额的可免除税收；在自由区工作的外国人可以选择不投保。

(3) 进出自由区的货物免收关税。

注意：在自由区内不可经营乌拉圭国家垄断的贸易及控制当地工业的服务行业；货物从乌拉圭非自由区进入自由区被视为出口。从而从自由区进入非自由区的货物被视为进口，需缴纳相关手续费。

乌拉圭共有 13 个免税区，大部分业务是仓储和物流，也有单纯的服务类免税区。

乌拉圭最大的免税区为美洲免税区，位于蒙得维的亚市附近，距离市中心 30 多公里。始建于 1987 年，已有 20 多年，主要业务包括物流、分发和服务。提供的服务主要有金融、咨询、软件、电信、法律等，物流占 50%。目前，该免税区已有 300 家企业落户，员工 8 500 多人，企业主要来自欧洲、美国和亚洲，其中欧洲企业居多，亚洲的印度 dada 软件公司也在该免税区落户。

该免税区管理公司的名称为 zonameirica，是一家乌拉圭—比利时合资企业，乌拉圭占 60%，比利时（蒙港运营商）占 40%。免税区总面积 92 公顷，还余 400 公顷储备土地。目前已开发的 92 公顷土地中已建设使用了 80%。

政府对免税区的管理主要是审核和批准企业入驻。乌拉圭经财部具体负责免税区，管理公司则负责建设区内设施和运营管理。入驻企业向管理公司缴纳使用建设设施及享受相关服务的租金，除此之外没有其他费用。货物在区内免税，但入境则须缴纳海关税。免税区不能设立工业加工项目，但可改变商品形态，如包装、更换插头等。免税区入驻企业主要涉及电器、医药、服装、汽车、配件等。

目前，在乌拉圭免税区用工限制比较严格，要求员工 75%为乌拉圭籍人，外籍员工比例不超过 25%。

除自由区外，乌拉圭还先后建立了数个自由港。自 1992 年 5 月颁布《港口法》以来，蒙得维的亚已成为南美洲大西洋沿岸第一个在“自由港”规定下经营的口岸。此外，新帕尔米拉、弗拉伊本托斯和科洛尼亚等城市港口也为“自由港”。

根据相关规定，停泊在蒙得维的亚市港口的货物可以自由流动，无须申请许可和办理正式手续。货物停留期间，只要在港口海关管辖范围内货物免缴所有税收。在港口区域内，货物的目的地可以自由改变，在任何情况下不受约束、无须经许可或事先申请，并准许进行仓库再包装（重命名、分类、组合和分组、修正加固、操作、切割，但这种切割并不意味着改变货物的原貌）。还可以在港口建立货物长期存放仓库，存储时间的长短及货物的存储量大小都不受限制。

四、投资政策

1. 投资主管部门及相关法规

投资主管部门：乌拉圭没有对外投资专门管理机构。与外商投资相关的机构如下：

（1）投资法执行委员会是乌拉圭国家行政顾问机构，为国家行政单位提供关于投资项目的技术评估和推荐投资项目。该委员会由工业能源部、旅游部、社会安全和劳动部、农林牧渔部、总统府等单位派员组成，其中经济财政部官员负责总体协调。

（2）私有部门支持中心隶属于乌拉圭经济财政部，主要职能是为完善乌拉圭商业环境的政策和措施的执行提供咨询、提出建议、促进协调，促进私有部门的发展和生产性投资。

（3）乌拉圭中央银行经济顾问处经济统计组负责发布乌拉圭外资相关统计数据。

（4）21世纪委员会是由乌拉圭政府设立，并行使部分政府职能的半官方机构。该机构的职责是进行对外宣传、介绍乌拉圭投资环境和政策法规，为企业提供投资指导、跟踪投资项目进展状况、帮助企业寻找合作伙伴等。决策机构由外交部长、经济和财政部长和民间商会负责人组成。

投资法律法规：1997年12月22日，乌拉圭众议院通过乌拉主第一部《投资法》，主要内容如下：

（1）投资政策具有高度的透明性，国内和国外投资者依法享受同等待遇。

（2）个人和公司可以自由从事业务活动，无须政府有关部门许可或授权。

（3）资本的汇出和使用没有任何限制。外汇市场高度开放，投资收益可以随时以任何货币形式汇到国外，无需国家事先许可。

（4）外国投资者在合资公司中的投资比例没有限制，外国投资者可以自由购买当地投资者的股份。

（5）雇工自由，包括雇用外国员工。

（6）进出口自由。没有进口配额，关税是唯一保护贸易的手段。

（7）促进贸易机会，如按照世界贸易组织的规定实施进口退税和临时准入进口原料加工后按照国家价格出口亦可实施退税。

（8）国家对于投资工业、森林业和旅游业给予更多优惠。

（9）免收个人所得税。

（10）利润如用于再投资可免收投资税。

2. 投资行业规定

乌拉圭政府鼓励外资参与的行业主要有旅游业、其他服务业、农牧业、林业、加工业、矿业、能源和基础设施、保险、基金管理、银行等；保险领域自 1993 年开放市场以来，大部分险种已允许私人和外国资本进入，但工伤保险仍由国有保险公司垄断。

近年来，乌拉圭正在实施国有企业私有化政策，但尚未允许出让国有企业股权，仅允许私人资本或外资和国营企业合资组建新公司，或在政府指定的经济部门进行特许经营。在电视宣传媒体方面，外国资本不能投资普通电视台，投资有线电视台则要经过审批。

禁止外国投资的唯一领域是广播电视业。

3. 投资方式及出资额度限制

政府允许外资在乌拉圭设立各种形式的法人企业，常见形式包括独资和合资企业。然而，申请建立企业的程序繁琐，须向乌拉圭审计署、税务与社会福利局、劳工部、公共商务注册局提供相关文件。

并购当地企业的程序相对简单，只需更改股权，建立新董事会。优点是手续简洁，办事时间短，费用低（约 1 000～2 000 美元）。

4. 外资企业的利润及汇出限制

资本的汇出和使用没有任何限制。外汇市场高度开放，投资收益可以随时以任何货币汇到国外，无需国家事先许可。利润用于再投资可免收投资税。

五、融资政策

1. 外汇管理

乌拉圭实行宽松的外汇管理政策，外汇市场高度开放，投资收益可以随时以任何货币汇到国外，无须国家事先许可。外资企业在当地可以自由开立外汇账户；外汇资金亦可自由汇进汇出。资本的汇出和使用不受任何限制。外国人携带 10 000 美元现金出入境需向海关申报。

乌拉圭目前使用的货币是乌拉圭新比索。1975 年，乌拉圭实施币制改革，新旧二种货币通用，旧比索 1 000 相当于 1 个新比索，新货币逐渐取代旧货币。2002 年，受阿根廷和巴西金融危机影响，乌拉圭被迫实行货币兑换自由浮动政策，引发国内金融市场剧烈震动，乌拉圭比索大幅贬值，国家风险指数达到创纪录的 1 616 点。

在政府的努力下，乌拉圭比索对美元汇率不断升值，由 2005 年的约 26 比索兑换 1 美元升至 2008 年年初的约 23 比索兑换 1 美元。2008 年乌拉圭比索对美元的平均汇率为 20.94∶1。预计 2009 年平均汇率也在 20∶1 左右。人民币与当地货币尚未开通直接结算业务。

2. 银行机构

银行体系：目前，乌拉圭有国有银行 6 家、私营银行 13 家、合作信用社 3 家和外国金融机构 6 家，上述银行和金融机构拥有的分行总数为 213 家，职工总人数 4 000 多人，储蓄所 49 万多个。乌拉圭的主要银行有中央银行、共和国银行和新商业银行等。

中资银行：乌拉圭目前没有中资银行。

3. 融资条件

为改变自 2002 年经济危机以来各商业银行停止向私营企业和个人提供贷款的局面，恢复正常金融秩序，乌拉圭央行出台一系列改进措施，包括进一步放宽对各商业银行和金融机构的外币存款要求，减少或取消向银行收取现金税；减少共和国银行的利润要求，提高偿贷表现杰出的贷款户的信贷等级，符合条件的外国企业可以在当地进行融资等。

鉴于 2002 年金融危机的深刻教训，乌拉圭商业银行对融资企业信誉度的审查十分严格，开立账户要求验证客户信息、跟踪客户的经济活动、审查客户的财务和经营状况等，企业向银行融资需提供合法有效的担保。

乌拉圭证券市场有近百年的历史，在 20 世纪 30～40 年代经历了蓬勃的发展。1996 年，政府出台《证券交易法》对证券市场进行规范化管理。受 2002 年拉美金融危机的影响，乌拉圭本地企业对融资需求不振导致证券市场业务萎缩。

乌拉圭有两家证券交易所：蒙得维的亚证券交易所和乌拉圭电子证券交易所。蒙得维的亚证券交易所的前身是蒙得维的亚证券交易公司，成立于 1867 年，主要负责对证券交易市场的管理，提供清算、兑现和保管证券服务。

乌拉圭电子证券交易所专门从事电子信息化证券交易，由 26 家公共和私有金融机构共同参与。同时，乌拉圭电子证券交易所也是蒙得维的亚证券交易所的特别会员。

乌拉圭证券市场由乌拉圭中央银行监管，参与投资的机构大多为当地金融机构、投资基金和社会保险基金，国外资本的参与度不高。

六、劳工政策

1. 劳动力供求状况

据乌拉圭国家统计局数据，截至2010年，乌拉圭劳动适龄人口约171.5万，就业人口约161万，失业人数约10万。服务业（旅游、贸易、金融、运输等）吸纳就业人数最多，占就业人数的60%，农牧业和工业加工业各占15%，建筑业占7%，其他3%。

乌拉圭全国共有企业23.2万家，其中小企业（20人以下）占97%，中型企业（20～99人）占2.5%，大型企业（100人以上）仅占0.4%。

2. 劳动就业规定

劳动合同期限：乌拉圭法律赋予行业工会充分的谈判权利，劳资双方在谈判中享有较大的自主权，国家只发挥次要和间接作用。劳工部在发生劳资纠纷时发挥调解人作用。工会和雇主达成的一揽子协议包括工资标准、劳动条件、福利待遇等。劳资双方可签署为期3个月或双方事先商定期限的临时合同。

报酬和额外薪金：乌拉圭就业人口中工薪族占71.1%，个体劳动者占10.8%，其他占8.5%。国家法定最低工资标准为6 000比索/月（约合316美元）。全国平均月工资水平为11 059比索，约合582美元。银行业、IT业技术和管理人员月工资可达1 000～3 000美元。高级员工月工资甚至超过5 000美元。劳务人员的工资待遇参考表1所示。

表1　乌拉圭劳务人员工薪标准

序号	工种	范围	单位	金额（比索）
1	技术员/雇员	工薪	月/人	13 000
2	技工（砼工）	工薪	月/人	7 000
3	技工（瓦工）	工薪	月/人	10 000

（续）

序号	工种	范围	单位	金额（比索）
4	技工（木工）	工薪	月/人	7 000
5	普工	工薪	月/人	5 000
6	货车司机	工薪	月/人	7 000

资料来源：乌拉圭国家统计局。

劳动时间：工作时间为每天 8 小时，商业部门每周 44 小时，工业部门每周 48 小时。商业部门在上述规定之内可自行决定营业时间，包括周六和周日。上述工作时间规定对农业、家政、销售、教育等部门不适用。午休规定时间一般 0.5～2 小时。工作超过法定工作时间工资加倍，非工作日加班工资是正常工作日的 2.5 倍。

雇主的其他义务：雇用当地劳务人员一般不实行计件工资制；雇用当地管理人员一般不实施绩效考核；当地人工成本较高，按当地政府规定，每年必须给职工上调工资。职工每年享受年假 1 次，除发放 1 个月度假工资外，每年还需给职工发放名为 LICENCIA 的度假补贴（相当于 1 个月工资）。当地对加班工资也有严格规定。

3. 外籍人员工作的规定

乌拉圭移民法规定，欲在乌拉圭从事半年以上工作的外籍人员，须先取得临时居住证或长期居住许可。申请时需提交无犯罪记录、健康、生活来源等证明。任何企业不得招收未取得工作许可的外籍人员。外籍劳务人员享受同本地员工同样的待遇和社会保险，外籍员工所属国同乌拉圭另有协议、或在乌拉圭自由贸易区工作的自愿放弃享受乌拉圭社保福利的除外。除个别行业外，对外资企业聘用外籍或当地员工比例原则上没有规定。但乌拉圭政府和社会希望和鼓励外资企业尽可能多地聘用当地员工，以解决就业问题。工会组织也会对外资企业施加压力，以提高当地员工的就业率。目前，乌拉圭对聘用当地员工有明确规定的行业有：渔业和商业船只（船长必须是乌拉圭人，本地员工比例不低于 90%）、航空公司

（乘务人员必须是乌拉圭人，公司本地员工比例不低于75%）、乌拉圭自由贸易区企业（本地员工比例不低于75%）。

4. 工作证办理

主管部门：乌拉圭移民局、乌拉圭二十一世纪出口促进委员会。

工作许可制度：依照法律规定，非乌拉圭公民或居民在当地从事营利性工作，需要向乌拉圭移民局申请工作许可证，申请批准后才能准予工作。工作许可一般为1年，到期再办理续延。鉴于乌拉圭的国土面积狭小，资源有限，经济结构尚待进一步完善，就业机会不多，失业率较高，外来务工人员获准就业许可的难度较大。此外，乌拉圭为保护本国居民就业，对外资企业里的外国雇员比例亦设定了限制，有些行业限制得很严，如外资捕鱼船的船长和轮机长必须配备乌拉圭籍人员，且当地船员的比例不得少于船员总数的40%。

乌拉圭法律并没有给外籍人员在乌拉圭劳动就业设置障碍。但是对于承包工程和外资公司中外籍雇员和本地人有一定的比例规定，以增加和促进本国人口的就业，对于人员已经饱和的部门，一般不发放工作许可证。

乌拉圭移民法规定，非乌拉圭公民、常驻居民或移民，只有在取得工作许可证后，方可工作。乌拉圭移民局根据雇主申请、外籍人员体检报告和警察局证明等发放外籍人员工作许可证。

申请程序：①填写《居民或从事工作申请表》；②验证有效证件（护照、签证、驾照）；③验证合法证书，证明企业投资是否已纳入国家规划；④查检由所在工作企业或原雇佣单位出具的申请人（工作履历、职务、专长、学历和薪金）证明；⑤验证乌拉圭社会保障和税务部门出具的纳税证明；⑥验证健康证书；⑦验证由警察机构出具的申请人最近5年内无犯罪记录证书；⑧验证由国际刑警组织出具的申请人国际或最后居住地证明；⑨婚姻证明（如需要）；⑩签订正式劳动合同。

提供资料： 需要提供的材料包括申请表、护照（带有移民局签发的有效居留期限）、标准照片、报纸招聘广告、公司申请函和招聘函、银行证明、5年内无犯罪记录公证、相关技能公证书，以及经当地职业医师签发的体检证明或由当地医师确认的外国体检结果。

七、农业保险和外商农业投资保险政策

在乌拉圭开展投资、贸易、承包工程和劳务合作过程中，要特别注意事前调查、分析、评估相关风险，事中做好风险规避和管理工作，切实保障自身利益。包括对项目或贸易客户及相关方的资信调查和评估，对项目所在地的政治风险和商业风险分析和规避，对项目本身实施的可行性分析等。企业应积极利用保险、担保、银行等保险金融机构和其他专业风险管理机构的相关业务保障自身利益。包括贸易、投资、承包工程和劳务类信用保险、财产保险、人身安全保险等，银行的保理业务和福费廷业务，各类担保业务（政府担保、商业担保、保函）等。

建议企业在乌拉圭开展对外投资合作过程中使用中国政策性保险机构——中国出口信用保险公司提供的包括政治风险、商业风险在内的信用风险保障产品；也可使用中国进出口银行等政策性银行提供的商业担保服务。

中国出口信用保险公司是由国家出资设立、支持中国对外经济贸易发展与合作、具有独立法人地位的国有政策性保险公司，是我国唯一承办政策性出口信用保险业务的金融机构。公司支持企业对外投资合作的保险产品包括短期出口信用保险、中长期出口信用保险、海外投资保险和融资担保等，对因投资所在国（地区）发生的国有化征收、汇兑限制、战争及政治暴乱、违约等政治风险造成的经济损失提供风险保障。

如果在没有有效规避情况下发生了风险损失，也要根据损失情

况尽快通过自身或相关手段追偿损失。通过信用保险机构承保业务，则由信用保险机构定损核赔、补偿风险损失，相关机构协助信用保险机构追偿。

八、我国已经与合作国所签署的双边投资保护协定

1. 双边投资保护协定

1993 年 12 月，中国与乌拉圭签署《关于鼓励和相互保护投资的协定》。

2. 其他协定

在经济技术合作方面，中国与乌拉圭签署的主要协定有：1988 年 2 月，中乌签署关于两国贸易谅解备忘录；经济技术合作协议。1990 年 5 月，两国签署动物检疫及卫生合作协定；关于植物检疫合作的谅解备忘录；10 月，中国纺织工业和乌拉圭外交部签署关于羊毛合作谅解备忘录。1993 年 4 月，两国签署科学技术合作协定；贸易谅解备忘录；12 月，签署农牧渔业合作协议；经济合作项目协定书；中国商检局与乌拉圭科技实验中心技术合作协议。

2009 年 3 月，签署中华人民共和国商务部和乌拉圭东岸共和国外交部经济合作与贸易促进谅解备忘录；中华人民共和国政府和乌拉圭东岸共和国政府关于贸易和投资合作谅解备忘录。

九、有关农业生产、收储、加工、流通的其他鼓励或限制政策

【出口管理政策】乌拉圭实行外贸开放政策，是南美最开放的国家之一。政府强调以发展外贸带动经济发展，注重出口商品多样化和出口市场多元化，突出外交为经济贸易服务的重要性。

【进口管理政策】严禁进口有害于人类及动植物健康或有碍于

动植物繁殖、生长的各类商品和药品；私营企业不得经营军火。除此之外，任何商品均可按章程纳税后进口，无配额限制和许可证管制。进口不受外汇额度限制和许可证管制，由进口企业自行确定进口品种和数量。一切进口必须向乌拉圭东岸共和国银行申报，交纳关税和银行业务税、港口税等费用。

为保护民族工业和防止偷漏税，政府对棉毛织品、皮革制品，及本国能自行生产并占有一定市场比重的商品进口颁布了征收最低参考价税的法令。该法规定，凡到岸价低于乌拉圭政府规定的最低国内参考价的，一律按参考价征税，等价或高于参考价的按到岸价征税进口税。

对机械设备进口实行减免关税的特殊规定，凡持有乌拉圭工业、能源、矿产部和农牧渔业部颁发证明在国内不具备产能的进口机械设备和配件，免交关税。否则需要交纳10%的进口税。

对机动车进口，政府要求国外出口企业必须在乌拉圭委托有进口经营权的企业为其代理，并由出口企业或经营代理在乌拉圭进行商标注册。

在农产品进口方面，政府规定农产品进口必须是确属国内生产不足，且人民生活必需的商品才能进口。具体进口程序是，国内谷物加工企业须向政府提出进口申请，说明进口理由，政府研究批准后由农牧渔业部签发“需求进口”证明。海关凭上述证明放行。

乌拉圭政府还规定，军警、政府机构和国营企事业单位的进口必须通过国际招标的形式进行（政府间就具体商品达成协议的和经议会批准的进口商品除外）。

【检验检疫措施】乌拉圭是国际检验检疫保护协定的成员国，同时在南共市国家间也签有进出口商品检验检疫协定。由于乌拉圭是一个以农牧业为主的国家，相关部门对动植物进出口实行严格的检验检疫制度，以防止给本国的原有生态环境带来风险。

中　　非

一、投资者国民待遇

1. 投资者国民待遇

中非实行内资外资平等原则，其颁布的《投资法》也可管理外商新建的工业型企业。根据该法规定，企业依法组建经 CNI 验收合格后，可享受税收减免的优惠：一般企业可免缴 3 年企业所得税，一次性投资超过 10 亿中非法郎的企业可免缴 5 年；但享受投资优惠企业如果被查明违背承诺，设立批文将被撤销，企业暂时或永远停业，还要补交已减免的税款。

根据项目的大小和效益，中非政府采取"一事一批"原则。外国投资者可与中非政府商谈具体优惠政策和条件，谈妥后再由总统授权。优惠政策主要包括两个方面：企业种类优惠和地区优惠。

2. 最惠国待遇

1998 年，中国与中非签订经济援助和免除中非到期债务协议。1998 年两国复交后于 2000 年 11 月签订《贸易、经济和技术合作协定》，2011 年 5 月 7 日重新签订《贸易、经济和技术合作协定》。

二、土地政策

1. 土地资源及土地价格

农业资源：中非自然条件优越，全国可耕地面积 1 500 万公顷，但目前只有 60 万～70 万公顷可耕地得以利用，只占国土面积的 1%。中非主要有木薯、玉米、高粱、稻米等粮食作物，以及咖啡和棉花等经济作物。2007 年，粮食作物产量达百万吨，比上年增长 1.8%。全国畜禽存栏总数达 1 430 万头，增长了 4.1%。2010 年，棉花产量为 4 684 吨，出口创汇 897 万美元；咖啡产量 3 651 吨，出口创汇 270 万美元。

上帝给中非一个很好的气候环境：中部属热带气候，全年温差很小，但昼夜温差较大，非常有利于农作物周年生产和提高农作物产量和质量，改善品质；南部属热带雨林气候，雨量充沛，空气湿润，水果资源丰富，不用水利设施仅靠自然降雨就可以进行农业生产；只有北部少数地区属热带草原气候，干燥异常，但也适合高粱、小米的生产。年降水量由北往南渐次为 600～1 800 毫米，这也有利于根据农作物生长特点形成区域化、产业化的和工农业产业链规划。全年划分为两个雨季：3～6 月和 7～11 月；两个旱季：11 月至次年 3 月为大旱季，6～7 月为间歇性小旱季/雨季，有利于热带水果的收获加工和农作物收获。

中非国土面积 622 984 平方公里。目前，估计人口 440 万（按 2003 年人口普查 3 895 139 人及人口增长率 2.5%推算），每平方公里才 7 个人。按总人口的 62.1%计算农村人口为 273 万人，在 1 500 万公顷可耕地中，农民人均拥有 5.5 公顷。但每年只有 66 万公顷被开垦种植，人均耕地面积 1/4 公顷，仅占国土面积的 1%左右、占可耕地面积的 4.4%。而中国目前农民人均耕地仅 1/15 公顷，还不到中非农民人均耕地的 1/82。因此，中非拥有很强的土地优势。

中非的主要作物生产：

（1）木薯，是中非人民的基本粮食，是本国居民消费最多的农产品，也是商品化较高的粮食作物。2000 年统计，全国年收获量为 587 347 吨，平均每位居民的拥有量为 162.87 千克。近年来，生产逐渐变得萧条，产量有所下降。在棉花产区和粮食、养殖区木薯总产量的一半及蔬菜养殖区总产量的 3/4 投放市场。

（2）玉米，玉米的生产主要来自森林咖啡区（占 47%），及棉花、蔬菜和养殖区（占 37%），2000 年总产量达 42 513 吨，约占国民生产的 5/8。产量一般为 1.8 吨/公顷，新的开垦地收入约为 3 吨。由于缺少灌溉和化肥，种植玉米产量低、效益差。

（3）高粱、谷子，这两种农作物的种植主要分布在棉花、蔬菜种植、养殖区（年总产量约 3 400 吨）以及狩猎、旅游区（年总产量约 8 500 吨），种植区产量为 1 000 千克/公顷，附带区为 600 千克/公顷。

（4）水稻，中非的水稻播种面积很少，从中国台湾农垦队引进水稻品种，分布试点示范为基础，1998 年中非与中国建交后，中国援中非两农业组，以勃亚利农场和姆波科农场为中心，大力示范推广旱作稻生产，水稻播种面积才有较大面积的发展，主要提供良种、稻作技术培训、稻米加工等服务，近年来，旱作稻的生产面积有了很大的提高。南部年播种面积 1 500 公顷，其中灌溉区水稻产量 6 吨/公顷，直播旱作稻面积 2～3 吨/公顷。

（5）花生，花生是居民脂类的主要来源之一。产品主要用于消费（鲜食或烤），每位居民平均年消耗量 16 千克，勉强能满足需求。2000 年总产量约 58 000 吨，其中 50%由棉花、蔬菜养殖区供应，另外近 28%由森林、咖啡区供应，产量在 900～1 200 千克/公顷。

（6）棕榈油，棕榈油是中非居民的食用油之一，也是出口农产品之一，种植面积大约 25 000 公顷，年加工产棕榈油 36 250 吨，目前主要由 BOSSONGO 公司收购加工，棕榈油的种植主要分布在南部的博桑古和帮嘎苏，近年来由于棕榈油子收购价格低，大批农民纷纷砍伐棕榈树，改种其他粮食作物。

（7）棉花，棉花是中非共和国近 10 年来第二大类农产品。1999—2000 年棉花种植面积为 19 303 公顷，仅达到可播种面积 46 300 公顷的一半，尽管棉花种植面积存在间断性，但棉花产品在国内生产总值中仍做出了贡献。1967—1970 年，棉花产量增长率为5%。1970年产量最高达58 000吨，1980年产量降低到了28 000吨，到2000年产量恢复到42 410吨。由于缺少肥料，仅有32.4%的土地使用化肥。现代化耕作没有提高，所有这些均影响了中非棉花生产。

（8）咖啡，长期以来，咖啡是除了木材外位居第一的出口产品。在中非国民经济中有着举足轻重的作用。尽管咖啡的行市起伏不定，但咖啡仍是中非传统的种植业，并且增长较快，1992年产量为6 200吨，1995年14 200吨，2000年下降为11 270吨，历史上最高总产量1986年曾达到24 470吨。咖啡的种植主要分布在森林、咖啡种植区。中非种植的咖啡品种主要是ROBUSTA。

（9）烟草，烟草种植主要分布在贝贝拉提以南的森林咖啡区。主要的品种为COUPE和CAPE。大部分烟草种植无肥料投入，COUPE烟草种植自1990年以来较CAPE增长快。这两种烟草的种植在1993—2000年COUPE的产量从52～121吨，CAPE的产量从120～369吨，烟草的经济效益较咖啡低，这一领域适合开辟新的种植途径，尤其是在森林区的种植。

（10）木材，中非森林覆盖面积广，总面积约为530万公顷，约占国土的8%，目前在西南部有175万公顷的森林，由5个公司开发木材，在2000年，开采木材达到40亿平方米。

中非的畜牧业生产：中非的畜牧业生产以饲养牛、鸡、羊、猪为主，由于政府缺乏资金投入，畜牧业生产大多以自然放牧或庭院圈养为主，规模化、工厂化养殖寥寥无几。

（1）牛的饲养，牛的饲养以肉牛为主，不具备奶牛的饲养条件和规模。肉牛的饲养大部分分布在北部地区，由北向南自然放牧，边放牧边进行交易，一部分在途中宰杀，大部分在班吉市场交易。班吉市最大的牛交易市场，每天成交量近500头，每天的屠宰量近300头，其中20%～30%是由乍得进口。

（2）鸡的饲养，鸡的饲养在农村以自然放养、自行消化为主，很少进行市场交易，在首都班吉城郊，蛋鸡和肉鸡都是以个体户小规模饲养为主，没有国有大规模的养殖场。肉鸡的年饲养量最高达20万只，蛋鸡的年饲养量2万～3万只。鸡蛋的自给率仅50%，另外一半需从喀麦隆进口。

（3）羊的饲养，中非以饲养山羊为主，主要分布在粮食蔬菜及养殖区。以家庭自然放牧为主，在养殖区平均每户养殖4～5头，最多10～15头。其中，20%农民自给，80%用于市场交易，在班吉，日成交量大约150～200头。

（4）猪的饲养，由于中非大多数人信奉伊斯兰教，不食猪肉，所以猪的饲养量较少。饲养户大多以自然放牧为主，自产自销。在班吉城郊，有少量的养殖专业户，养殖规模大约在年出栏数100头。

土地价格：根据中非法律规定，土地属于国家财产，但可以自由交易，城市土地官方价格约每40平方米22.5万中非法郎（约合13.4美元/平方米），郊区土地价格略低。

房屋租金及价格：房屋出租价格根据房屋所处的城市、位置和面积不同而不同。在班吉市，市中心的租赁单价较高，郊区的价格较低。如普通房屋月租价一般在3 000～150万中非法郎。

2. 土地投资政策

中非共和国目前实行的土地法，是1963年12月19日中非国民议会颁布的第63.441号土地法（Loi N63.441 relative au domaine national）。该法分为两大部分，第一部分涉及公有土地，共26条，明确说明了公有土地性质、公有土地管理、公有土地临时占有、处罚等有关规定，其中第26条规定，对勒令期限自费拆除违章建筑，归还土地，否则加重处罚。第二部分涉及私有土地，共59条，明确说明私有土地不动产、管理、转让、居住许可、土地税收、土地咨询委员会、诉讼程序等有关规定。

根据中非现行土地法，私有土地可自由进行转让。土地转让一般委托律师或公证行协助办理，须支付的主要税费有：占转让合同总金额7.5%的注册税（Enregistrement），1%土地公告税（TPF-

Taxe pour la publication fonciere)，0.40％登记归档费（Frais d’lnscription-Conservateur)，各种印花税约 50 000 多中非法郎(Divers Timbres)，律师或公证行佣金（费率随合同金额而变，从 0.75％～4.5％不等，一般是合同金额高，佣金率则低，反之亦然）。

外资企业获得土地的规定：根据土地产权是否发生转移的标准划分，外资企业在中非共和国境内获得土地的方式主要为两种，即占用和拥有。

【占用】即只在一定期限内拥有获得政府批准的地块的使用权。外资企业需通过和相关政府部门谈判并签署相关土地使用协议而达成。在这种情况下，使用期限的长短通常受以下因素的影响：①该企业占用地块的经营活动的期限长度；②和政府谈判沟通的能力；③在使用期限截止之前，是否能获得延期。

除去土地使用期限，另外有一点需注意的是，中非法律规定提供给外资企业占用的土地面积不得超过 2 000 平方米。至于是不是能特事特办，不能确定。

【拥有】即通过经济手段获得土地的产权以及与此相关的其他一系列法律权利。如果土地交易的对象是政府，则需要与其达成土地买卖相关协议。其中应包括的关键条款如下：①中非政府是否同意就该土地交易给予买房免税的待遇。税金的免除与否不仅直接关系到土地获得成本，还决定着土地交易流程。②目标地块的相关信息，如面积、位置等。

另外，外资企业可无限制地从政府之外的其他拥有中非境内某地块的企业或个人中购买。只要土地交易合同在欲交易且具备交易资质的双方之间能够达成，政府无权干预。

买地成本除地价外，还必须缴纳印花税、归档费、注册费等税费及雇用房产律师的佣金。需说明的是，为避免陷入未来可能会出现的法律纠纷，聘请一名有丰富实践经验的房地产律师（经纪）十分必要。

三、税收政策

1. 税收制度和主要税率

税收制度： 中非《税法通则》（CODE GENERAL DES IMPORTS）主要包括直接税法、间接税法、通用细则、特征税种等内容。

中非是 CEMAC 成员国之一，执行 6 国关税联盟统一税制。

中非实行属地管理的税收体制。其税法第 123 条指出，企业应课税利润是企业在中非共和国境内经营所实现的利润，并要求在企业总部所在地完税。

主要税率：

【进出口关税】 中非进口商品的基本税率是 FOB 价的 30%，征税对象包括日用百货、玩具及工艺品、建筑装修材料和运输车辆等；而机器设备、工具与金属器材实行 10%～20%税率。另外，还对进口商品加征 19%的进口增值税。进口药品的关税为 5%，免交增值税。奢侈品的税率可达 100%。外交自用、军队进口、成品药物、黄金钻石和报纸期刊等 11 类免检商品免征关税（表 1、表 2）。

表 1　中非主要商品进口关税

商品类别	税率（%）
第一类商品（基础设施中最缺、最需商品）	26.45
第二类商品（原料与设备）	32.40
第三类商品（中间商品）	44.30
第四类商品（普通消费品）	56.20

资料来源：中国对外投资和经济合作网（fec. mofcom. gov. cn）。

表 2　中非主要商品出口关税　　单位：%

商品名称	海关税和最低承包税	电子开发海关与国库基金	运输行业基金
钻石（毛钻）	7.75	0.25	0.25
钻石（加工钻）	3.75	0.25	0.25
黄金	3.75	0.25	0.25
木材（原木）	30	0.25	0.25
木材（锯材）	10	0.25	0.25
棉花	6	2	0.25
咖啡	8	2	0.25
烟叶 90 中非法郎/千克×3%	2	0.25	0.25

资料来源：中国对外投资和经济合作网。

【营业执照税】每年 3 月底前更换营业执照，并交纳营业执照税。该税率视经营范围、规模及公司地点（距首都越远其税费越低）而定。

【经营税】公司初建第一年不交经营税，公司享受减免税优惠，待遇不在其列。经营税分个体小型经营和公司型经营。个体小型经营：年营业额 300 万中非法郎以内，交纳 16.5 万中非法郎/年；300 万～600 万中非法郎者交纳 39 万中非法郎/年；600 万以上者交纳 5%。公司型经营：年营业额 5 000 万中非法郎以内，交纳 100 万中非法郎；年营业额 5 000 万～1 亿中非法郎，交纳 150 万中非法郎；年营业额 1 亿～2 亿中非法郎，交纳 200 万中非法郎；年营业额 2 亿～5 亿中非法郎，交纳 555 万中非法郎。

【营业额税】按营业额的 18%交纳。此税种是经营者代政府向消费者征收（如在商品交纳关税时已完纳此税种，可根据凭证不再重交）。

【企业所得税】每年1月底前，根据公司的经营利润，交纳30%的所得税。

【社会保障基金】按公司每位员工工资额计算，每月交纳工资额的10%的社会保障基金。

【医疗保险基金】公司内每位员工每月需交纳自己工资额的5%的医疗保险基金。

2. 关税政策

【海关法规】中非实施如下3部海关法规，在CEMAC共同体内适用：《海关法》，供海关内部人员使用；《税率细则》，供商家使用；《关税结算制度》，包括惩罚条款，主要给运输代理及注册会计师、律师等专业人士使用。以上法规具体内容可到CEMAC资料馆借阅。

【海关关税】中非是中部非洲地区关税和经济联盟成员国之一，执行六国关税联盟统一税制。进出口商品税率如下：

（1）进口关税（商品值）：第一类商品（基础设施中最缺、最需商品）：5%；第二类商品（原料与设备）：10%；第三类商品（中间商品）：20%；第四类商品（普通消费品）：30%。

（2）营业额税：以上四类商品均征18%，此税为经营者代政府向消费者征收。计算方式为（商品值+关税）×18%。

（3）最低承包税：（商品税+关税）×1%。

（4）地区联盟税：商品值×1%。

（5）电子开发海关与国库基金：商品值×0.25%。

（6）运输行业基金：商品值×0.25%。

根据以上税率，进口商品需交纳海关税为：

第一类商品：26.45%；

第二类商品：32.40%；

第三类商品：44.30%；

第四类商品：56.20%。

【代理报关费】中非的进口商品均实行代理报关办法管理。经营者将进口商品合同和有关单据交代理报关行，报关行代理客户交纳关税和办理提关手续，之后，报关行与经营者结算。也有大集团公司自己办理有关手续，仅到报关行签字盖章，交纳签字盖章费。代理报关手续费如下：1～60万中非法郎商品：1%；60万～300万中非法郎商品：0.8%+1 200中非法郎；300万～600万中非法郎商品：0.6%+7 200中非法郎；600万～1 000万中非法郎商品：0.45%+12 000中非法郎；1 000万～1 800万中非法郎商品：0.40%+16 000中非法郎；1 800万中非法郎以上商品，则根据其不同物品收取费用，分为食品类：0.30%+19 200中非法郎，酒水类：0.8%+288 000中非法郎，车辆、机械、药品、零配件类：1.3%+38 800中非法郎，日用品类：0.25%+148 000中非法郎。

3. 投资税收优惠政策

【行业鼓励政策】2001年实施的《投资法》规定，对获得批准的企业可享受免除关税待遇，具体优惠对象及优惠办法如下：

（1）投资规模低于1亿非郎的企业，按A类企业验收，可享受下述优惠：从工商部认定的经营日起的3年内，免交公司税、所得税（包括各类的销售利润与非销售利润）和社会发展基金。但3年后，上述税率与基金上缴率将逐年复原：第4年为50%，第5年为75%，第6年及以后为100%；营业税税率也逐年恢复：第4年为50%，第5年为75%，第6年及以后为100%。

（2）投资规模大于或等于1亿非郎的企业，按B类企业验收，可享受下述优惠：从工商部认定的经营日起的5年内，免交公司税、所得税（包括各类的销售利润与非销售利润）和社会发展基金。但5年后，上述税率与基金上缴率将逐年复原：第6年为50%，第7年为75%，第8年及以后为100%；营业税税率第6年为50%，第7年为75%，第8年及以后为100%。

（3）关于材料、机械、设备、备件、原料和消耗品的进口关税按海关税率表办理。

（4）按营业额扣缴的增值税（TCA）以及特别消费税由《税

法》管辖。

（5）出口特类企业（“C”类企业）是以出口非传统外销品为主要业务的新企业。当这些企业在免税区经营出口产品时，实行长期全面免税。企业将其产品的20%销往国内市场，则要按同类进口产品的税率交税。

【地区鼓励政策】

（1）特别条款规定，建在班吉市之外的A类与B类企业，按其距离远近享受下述优惠：①距班吉100公里的，优惠期延长1年；②距班吉100～300公里的，优惠期延长2年；③距班吉300公里以外的，优惠期延长3年。

（2）企业重建时，根据其投资额，享受A类或B类企业的优惠：与本法宗旨相符的企业，投资规模等于或多于50亿西非法郎时，它可享受B类企业的优惠。在本法B类企业的优惠期满之后，上述企业还可以签署“组建协定”如在有利宏观经济的公共领域内投资，企业可享受特许欠税待遇；但关税与营业额计成税（TCA）除外。

四、投资政策

1. 投资主管部门及相关法规

投资主管部门：中非没有专门的外商投资企业法。中非国家投资委（CNI）是负责新投资项目的审批和优惠待遇的批准的独立部门。

投资法律法规：中非颁布《矿业法》和《林业法》等法律管理外商投资行业领域。

2. 投资行业规定

中非颁布《矿业法》和《林业法》等法律管理外商投资行业领域。中非政府鼓励外商到持续创造就业机会、带来高新技术、产品能出口返销、有利于保护环境改善民生和带动边远地区发展领域投资。特别是一些关于能源开发、通讯开发、货物运输、动植物深加工、原材料深加工、简易住房等为中非鼓励投资的行业。

3. 投资方式及出资额度限制

中非实行内资外资平等原则，其颁布的《投资法》也可管理外商新建的工业型企业。根据该法规定，企业依法组建经 CNI 验收合格后，可享受的税收减免的优惠：一般企业可免缴 3 年企业所得税，一次性投资超过 10 亿 FCFA 的企业可免缴 5 年；但享受投资优惠企业如果被查明违背承诺，设立批文将被撤销，企业暂时或永远停业，还要补交已减免的税款。

五、融资政策

1. 外汇管理

企业在中非开立外汇账户所需条件为：商业注册，信用动产，执照。

外汇汇进时可以采取账户对账户直接汇进方式。外汇汇出则需要有目的国的发票或发货单，并交给银行。银行将收取一定的手续费或委托金，并代收 19%的增值税税金。

中非不限制携带现金入境数量，但出境时携带现金数量由机场规定决定。通常因私可携带 400 万中非法郎，因公可携带 1 000 万中非法郎。

2. 银行机构

银行体系：

【中央银行】中部非洲国家银行（Banque des Etats del'Afrique Centrale，简称 BEAC），也是中部非洲 6 国联盟银行。其主要职能是：监督管理其他商业银行；发行货币；制定中非各银行有关规则；借款给各家商业银行。

【商业银行】各商业银行主要职能是在中央银行的管理之下执行存取贷款业务。中非境内主要商业银行有：

（1）中非商业银行（Commercial Banque Centrafrique，简称

CBCA），是喀麦隆和中非共和国合资银行。

（2）Ecobanque 西非联合银行，在非洲分布最广。

（3）摩洛哥-中非人民银行（Banque Populaire Maroco-Centrafriquaine，简称 BPMC），是摩洛哥和中非共和国合资银行。

（4）萨赫勒撒哈拉投资贸易银行（Banque Sahelo-Saharienne pour l'lnvertissement et le Commerce，简称 BSIC），是利比亚投资银行。

中资银行：目前，中非没有中资银行的分支机构，国家开发银行在中非有工作组。

3. 融资条件

除中央银行外，其余 4 家商业银行可单独或联合提供融资。其融资条件和要求主要有以下几点：

（1）要有银行账户，而且有足够流动资金交易量和存入款数量。

（2）根据流动交易量计算出总额，总额的 10%作为可申请的贷款数额。

（3）需出具担保信用，主要有抵押和第三方担保两种形式。抵押物品的评估价值要大于贷款额的 2～3 倍。第三方担保可以是个人，通常是银行可以信赖的人，如银行工作人员或银行的重要客户。

（4）定期往账户里存款，保证资金流动量。

六、劳工政策

1. 劳动力供求状况

中非劳动力充足，但劳动力技术素质较低。

2. 劳动就业规定

劳动合同期限：主要分为临时合同（3 个月，过期自动变成定期合同）、定期合同（2～4 年）和无限期合同。

报酬和额外薪金：中非制定了《劳动管理法》，并由国家劳动力办公室专门负责劳动力就业事宜。中非根据职业和等级不同确定不同的最低工资标准，如表 3：

表 3　中非最低工资标准

单位：中非法郎

用工类别	等级	1991 年（月平均工资）	2002 年（月平均工资）
干部和工程师（中非法郎）	1 级	162 750	179 025
	2 级	194 250	211 733
	3 级	249 900	267 373
	4 级	311 850	327 443
工长和技术员（中非法郎）	1 级	46 200	55 440
	2 级 A	50 800	60 452
	2 级 B	57 800	68 782
	3 级 A	70 000	82 600
	3 级 B	83 000	97 940
	4 级	97 370	113 923
	5 级	111 800	129 688
	6 级	126 260	146 462
	7 级	140 170	165 200
工人（西郎）	1 级	10 095	14 998
	2 级 A	10 125	15 043
	2 级 B	10 480	15 301
	3 级 A	11 075	15 857
	3 级 B	12 065	16 891
	4 级 A	14 010	19 194
	4 级 B	15 990	21 427
	5 级	18 540	24 287
	6 级	22 380	28 646
职员（西郎）	1 级	17 500	28 646
	2 级	18 500	26 000
	3 级 A	20 500	27 485

（续）

用工类别	等级	1991 年（月平均工资）	2002 年（月平均工资）
	3 级 B	23 300	29 315
	4 级 A	—	32 620
	4 级 B	30 800	35 346
	5 级 A	32 200	41 272
职员（西郎）	5 级 B	34 100	42 182
	6 级	35 500	44 671
	7 级 A	37 500	47 625
	7 级 B	40 400	50 904
	8 级	45 000	56 250

资料来源：中国驻中非大使馆经商参处。

中非还根据职业征收税赋。如出租车司机 3 个月的税赋为 6 万中非法郎。

劳动时间：政府机关实行双休日，每周工作 5 天，每天 8 小时工作制。工作日上班时间为：上午 7：30 上班至下午 3：30 下班，中间不休息。大的商场和商店，节假日不营业，少数商店节假日只营业半天。

企业社会保险的缴纳：企业要每月给员工投保，企业承担工资总额的 10%，员工承担 5%。投保后，社会保障局应对员工的伤亡、退休和医疗负责。但实际上很难做到，特别是医疗保险，基本上都是企业与员工自行协商解决。

3. 外籍人员工作的规定

政府颁布并正在实施的二十余部法规、法律中未发现太多特别针对外国人在中非工作的限制，但需要引起注意的主要有以下几点：

（1）中非境内从事经营活动的外资公司如果能够从当地劳动市场中找到其需要的能胜任工作的雇员，则需优先雇用当地人以促进当地就业和职业培训。如果确实能提供证据说明此类人才无法从当地人才市场获得，得到中非职业培训和就业机构以及劳动和社会规划部门主管的批准后，可以从中非以外的其他地区或国家引进所需人才至中非从事相应工作。

取得该工作许可所需提供的材料主要包括：4 份雇主和雇员签署的劳动合同、3 张申请人照片、身体健康状况证明、护照首页复印件、关于工作职位的详细描述、申请人简历、为申请人雇用的中非当地助手的劳动合同。

（2）外籍劳务人员获得批准首次进入中非的居留期不能超过 24 个月，但是在此居留期满之前的 2 个月，可以去相关部门申请延期。

（3）外籍劳务人员与其雇主之间签订的劳动合同也需 2 年续签一次，否则，超期未得到续签的劳动合同会被认为不具备任何法律效力。雇主应承担此义务的履行。

（4）如果违背上述规定中任何一条，将会被处以 5 万～10 万中非法郎的罚金。另外，如 1 年之内发现再次触犯法律，罚金将提高到 10 万～20 万中非法郎。

（5）中非政令（74/259）规定，所有在中非的私营企业都需为职务为经理、主任、工地或车间经理的从业人员配备一名中非雇员作为其助手。如违反，会处以一定数额罚金。

有一点需说明的是，虽然上述关于劳动的中非法律或政令确实存在，但是由于种种原因，实际操作中会有所偏差。

外国劳务在中非工作所面对的风险除去特定职业本身具备的风险外，主要还体现在社会和治安环境、人身健康和语言等方面。

4. 工作证办理

主管部门：中非签证分为外交、公务、领事三种。自签发之日起，签证有效期 60 天，须在自签发之日起的 60 天内使用，可一次或两次入境。领事签证包括：过境签证、短期停留签证和普通签证、工作签证和定居签证。

外籍劳务事务的政府主管部门是工职、劳动、社会保障和青年职员安置部。

工作许可制度：除工作许可外，还应该事先办妥中非工作签证。入境时，须填写个人情况登记表，要有预防接种证书（黄皮书）。

申请程序：雇用外籍劳务的申请主体是雇主，获得工作许可后，外籍劳务持工作许可到中非驻外使馆办理工作签证。

提供资料：在中非申请工作许可需要向签发机构提交的文件或资料包括：①护照及身份证复印件；②彩色正面近照 3 张；③近期健康证明；④雇用单位营业执照复印件。

七、农业保险和外商农业投资保险政策

中非共和国目前也开始面对低收入人群发展农业保险，但尚无发布这方面的信息。

八、我国已经与合作国所签署的双边投资保护协定

1. 双边投资保护协定

中国与中非未签署双边投资保护协定。

2. 其他协定

中国与中非未签署避免双重征税协定。

1998 年，中国与中非签订经济援助和免除中非到期债务协议。1998 年两国复交后于 2000 年 11 月签订《贸易、经济和技术合作协定》，2011 年 5 月 7 日重新签订《贸易、经济和技术合作协定》。

2012 年 9 月 26 日，中华人民共和国政府和中非共和国政府两个新经济技术合作协定签字仪式在中非国际合作、地区一体化和法语国家事务部举行，驻中非大使孙海潮和该部部长多罗戴·艾美·马兰扎帕女士参加了仪式并签署协定。

后　　记

向国内企业介绍境外合作国家农业领域投资环境及引资政策，增强农业部在农业“走出去”过程中的公共服务功能，是农业部领导交给农业部对外经济合作中心的重要任务。为此，农业部对外经济合作中心组织了相关业务处室并邀请了中国科学院农业政策中心的相关领域专家成立课题组。经过一年多的努力，完成了《农业“走出去”重点国家农业投资合作政策法规及鼓励措施概况》系列丛书的第三册。

在本书编纂过程中，我们参考了大量的资料。除本书包括的13个国家的政府网站、出版物、法律条文等资料外，还参阅、引用了中国农业部相关资料、中国商务部网站、中国驻各国大使馆经济商务参赞处网站、联合国粮农组织（FAO）网站以及相关研究成果等文献资料。由于本书属于资料汇编性质，参考资料甚多，未能在书中将所引文献一一列出，在此一并表示感谢。

我国农业境外合作国家众多，课题第三阶段研究成果只涉及其中13个国家。课题组将继续完成对其他重点合作国家的研究。此外，虽然本书收集的都是目前最新的各国政策资料，但是各国农业投资合作政策法规及鼓励措施都处在不断地发展当中，读者在使用本书时应保持适当审慎的态度，我们在本书再版时也会将相关内容进行适时更新。

编　者

2013年10月